8Ye
6878

La Chanson des Heures

XAVIER PRIVAS

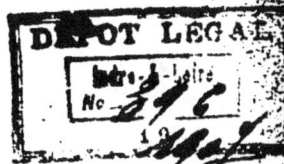

La Chanson des Heures

POÉSIE ET MUSIQUE

Couverture de Gaston NOURY

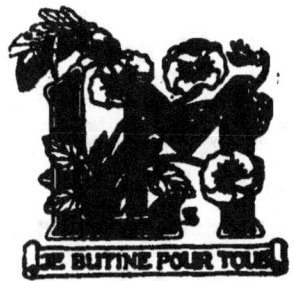

LA LIBRAIRIE MONDIALE
10, RUE DE L'UNIVERSITÉ, 10
PARIS

Tous droits de traduction et de reproduction réservés y compris la Suède et la Norvège.

DU MÊME AUTEUR

Pour les fêtes, 1 album, illustrations de TARDIEU.
Chansons humaines, 1 album, illustrations de TARDIEU.
    LAURENS, éditeur, 190, rue Saint-Honoré.

Chansons chimériques, 1 vol., couverture d'EDMOND GROS
Chansons vécues, 1 vol., couverture de HENRI GOUSSÉ.
L'Amour chante, 1 vol., couverture de JEAN TILD et préface de PIERRE TRIMOUILLAT.
    Librairie PAUL OLLENDORFF, 50, Chaussée d'Antin.

Chansons des Enfants du Peuple, 1 vol. Préface d'ALBERT SURIER.
    Librairie J. RUEFF, 6, rue du Louvre.

Les Mois, 1 album, en collaboration avec ADOLF STANISLAS, illustrations de FRANÇOIS KUPKA.
    ENOCH et Cie, éditeurs, 27, boulevard des Italiens.

La Chanson Sentimentale, 1 vol. Étude de LAURENT TAILHADE, couverture de PAUL BALLURIAU.
    Librairie MESSEIN, quai St-Michel, 19.

Les sabots de Noël, 1 album, en collaboration avec GEORGES CHARTON, illustration de MIRANDE.
    La Musique pour tous, 33, rue de Provence.

A mes amis

LOUIS BESSE et PIERRE TRIMOUILLAT

en affectueux et reconnaissant souvenir

A MON AMI LÉON DE BERCY

Mon cher Ami,

Tu as bien voulu, à l'occasion du banquet du 22 janvier dernier, écrire sur la Chanson un magnifique poème.

Permets-moi de l'offrir, à titre de préface, aux lecteurs de cet ouvrage.

Puissent ces vers nobles et sonores, que t'a dictés la belle âme de poète, de penseur et d'ami, porter bonheur à mes petites chansons.

Merci et à toi de tout cœur.

XAVIER PRIVAS.

Février 1907.

Toute la Chanson

En hommage à M. Aristide BRIAND, ministre de l'Instruction Publique et des Beaux-Arts, qui fit nommer chevalier de la Légion d'Honneur le Prince des Chansonniers.

Poème dit par l'Auteur au banquet Xavier Privas le 22 janvier 1907

Dans le principe, alors que la Beauté, sauvage
En sa majesté simple, ignorait le ravage
Que le concept humain lui devait infliger,
Au temps où l'Harmonie, impolluée, entière,
Soumettait à ses lois et l'Être et la Matière
Vierges encor du heurt même le plus léger,

L'Homme — ayant constaté d'instinct que la Nature,
En vigilante mère, à toute créature
Fournit les éléments de la vitalité —
Laissa sur le Grand Tout flotter ses regards calmes.
Puis, écoutant le doux frémissement des palmes
Par les baisers frôleurs des brises suscité,

Le clair chuchotement de l'ombreuse ramure,
Les trilles de la source et le discret murmure
Du ruisselet glissant sur les graviers bougeurs,
L'âpre souffle marin, rythmé comme une haleine,
Confiant les desseins de la fluide plaine
Aux brisants lumineux des rocs nus et songeurs,

La strideur de l'autan et, dans les vapeurs lourdes,
Les étincelles d'or roulant des clameurs sourdes,
Et l'écho redisant le tumulte des cieux,
Toute la grandiose et pure symphonie
Où se berce le Monde en sa gloire infinie,
Il fut pris d'un transport vague et délicieux.

Or, d'entendre chanter ainsi l'âme des choses,
Il devina son âme à l'énigme des causes
Et, pour la prime fois, le penser le hanta.
Alors, mêlant sa voix à celles de la Terre,
En los inconscient à l'imposant mystère,
Il exhala sa joie extatique et chanta.

.˙.

De cet essor naïf de musique naissante
    Surgit le premier sentiment,
Aurore d'une idée émue et caressante
    Et douce tellement

Que l'Homme, émerveillé qu'eût monté vers la nue
    Le sens de son premier frisson,
Choisit, pour élever son essence ingénue,
    L'accent de la Chanson.

Aux corolles des lis elle a dit l'allégresse
    Et l'éclat du matin vermeil
Où la Terre se livre, en passive maîtresse,
    A son amant Soleil;

Elle a magnifié pour le myrte et la rose
    Les midis ivres de parfums
Et, le soir, consolé de leur destin morose
    Les narcisses défunts;

Aux calices froissés des liserons candides
    Qu'effraie un vol de papillon,
Elle a donné l'espoir de renouveaux splendides
    En l'éclair d'un rayon;

Elle a dit les ardeurs qui prolongent la race
    Par l'embrassement de la chair
Aux mousses où les corps avaient laissé la trace
    Du geste le plus cher;

Et, sous l'impression des nocturnes mensonges,
        A l'étoile du firmament
Elle a conté l'émoi déconcertant des songes
        Et leur trouble dément...

．．．

Tant que l'Immensité fut à tous sans partage,
        Que la supériorité
Des sens ou de l'esprit n'établit d'avantage
        Ni d'exclusivité,

La Chanson, qu'engendra l'extase et le sourire
        D'une âme encor tout en blancheur,
Conserva son attrait — que rien n'eût dû proscrire —
        De sublime fraîcheur.

Mais dès que la Vertu, cataloguant les actes
        De l'intelligent animal,
Essaya de poser les limites exactes
        Et du Bien et du Mal,

Dès que sur l'horizon, jusqu'alors franc et libre,
        S'érigea le premier jalon
Qu'en violation du parfait équilibre
        Planta l'Orgueil félon,

Et dès qu'à la famille eut succédé la horde,
Dès qu'une force eut dit : « Je veux »,
Faisant jaillir d'un mot la première discorde
En d'homicides vœux,

La Chanson vit soudain se ternir sa parure
De native et chaste grandeur,
Et son nimbe éprouva comme une déchirure
Sous un choc de hideur.

Car, l'Homme ayant compris qu'il pourrait faire d'elle,
Dans les heures de passion,
La messagère ailée, indulgente, fidèle
De sa conception,

L'esclave qui, suivant l'humeur et le caprice
De son intime mouvement,
Deviendrait de son for la souple narratrice
Et l'humble truchement,

Elle s'en fut traduire en strophes éphémères
Aux zéphirs inconstants et flous
Les désirs insensés des terrestres chimères
Et tous nos rêves fous.

Ainsi, la sainte mélodie,
Expression d'enchantement,
Se trouva comme abâtardie :
Sous l'éclosion de ferments
D'inimitié, de jalousie,
De haine, de sédition,
Sa primitive poésie
Tomba dans l'aberration.

La tant paisible mélopée,
En proie au complet désarroi,
Ne chanta plus qu'entrecoupée
De plaintes et de cris d'effroi,
Bruits nouveaux que pleuraient les brises
Aux forêts qui se lamentaient
Et que les colombes, surprises,
Dans un noir mutisme écoutaient.

Transmuée et mise au service
De mythes qualifiés dieux,
Créés à l'image du Vice
Pour qu'il parût moins odieux,

La Chanson devint la prière,
La vaine prosternation
De l'âme pourtant née altière :
Son tribut de sujétion.

Célébrant, soumise ou hardie,
La trahison, la lâcheté,
La fallace, la perfidie,
Le meurtre et la perversité,
Au nom de puissances fictives
Elle put, en émotion,
Entraîner les foules craintives
Aux bornes de l'abjection.

Interprète osée ou bonasse
De coupables égarements,
Larmes, soupçon, défi, menace,
Révolte, colère, serments,
Palinodie, aveux, requête,
Elle fut cela tour à tour ;
Mais elle sut, tendre et coquette,
Être encor sirvente d'amour.

Ah! c'est que la Chanson est œuvre de poète !
Et les poètes sont, de la Création,
Les seuls que la Nature, en sa sélection,
Transporte par instants jusqu'à l'extrême faîte,

Les seuls obtenant d'elle, en colloque secret,
La faveur de cueillir aux invisibles gerbes
Des fleurs de l'Idéal les admirables verbes
Qui parent leur discours d'un immortel attrait.

Les seuls dont la parole ainsi qu'une magie,
Subjugue, lie, et frappe, et décide les cœurs,
Capables, sous les coups de ses assauts vainqueurs,
D'audace ou de respect, de peur ou d'énergie !

Et si, parfois pliée au joug de nos erreurs,
La Chanson se fourvoie et donne à la folie
Une apparence saine, agréable et jolie,
Et sème, en se jouant, le crime et les terreurs.

Le barde sait toujours la remettre en la voie
Où se doit recouvrer le charme originel,
La route de lumière où l'Amour éternel
Se fait dispensateur d'indulgence et de joie;

Elle n'est plus alors le chœur rauque et vibrant
Que, fautrices de sac, de viol, de carnage,
Entonnaient au butin des peuplades en rage
Et dont les hurlements grisaient le conquérant.

Ce n'est plus le refrain que grondait l'indigence
En lugubre réponse au mépris du puissant
Et qui ne s'éteignait dans l'horreur et le sang
Qu'après avoir comblé les besoins de vengeance!

Ce n'est plus le cantique à d'impossibles cieux
Ni la ronde banale ou l'élégie étique,
Le couplet égrillard ou le lied emphatique
Et non plus l'ariette aux termes précieux.

C'est un chant enflammé, robuste et téméraire,
Hymne à la fois d'espoir, de pitié, de bonté,
Cantilène de paix et de fraternité
Dont l'effet est plutôt enseigner que distraire.

C'est le psaume viril du Travail glorieux,
Cantate de pardon qui console et ramène,
C'est le *sursum corda* de la morale humaine,
C'est le *credo* sincère au Bien, au Juste, au Mieux !

C'est la chanson qui reste, en sa fierté sereine,
L'évangile civique où s'instruira demain
L'enfant dont le souris la salue en chemin :
La Chanson de Beauté, la Chanson souveraine !

Et nous applaudissons en bravos éclatants
A ce qu'en l'exaltant notre démocratie
Publiquement l'instaure à la suprématie
Où la plaçaient nos cœurs depuis un si long temps ;

Car nous avions élu son aimable génie
Dont la verve est pour nous, aèdes et penseurs,
La consolation dans l'oubli des noirceurs,
Le baume de Repos, le noël d'Harmonie.

Léon de Bercy.

21 *janvier* 1907.

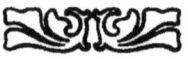

Heures de Lutte

LES ÉTAPES

A Mme BARRIELLE, respectueusement.

LES ÉTAPES

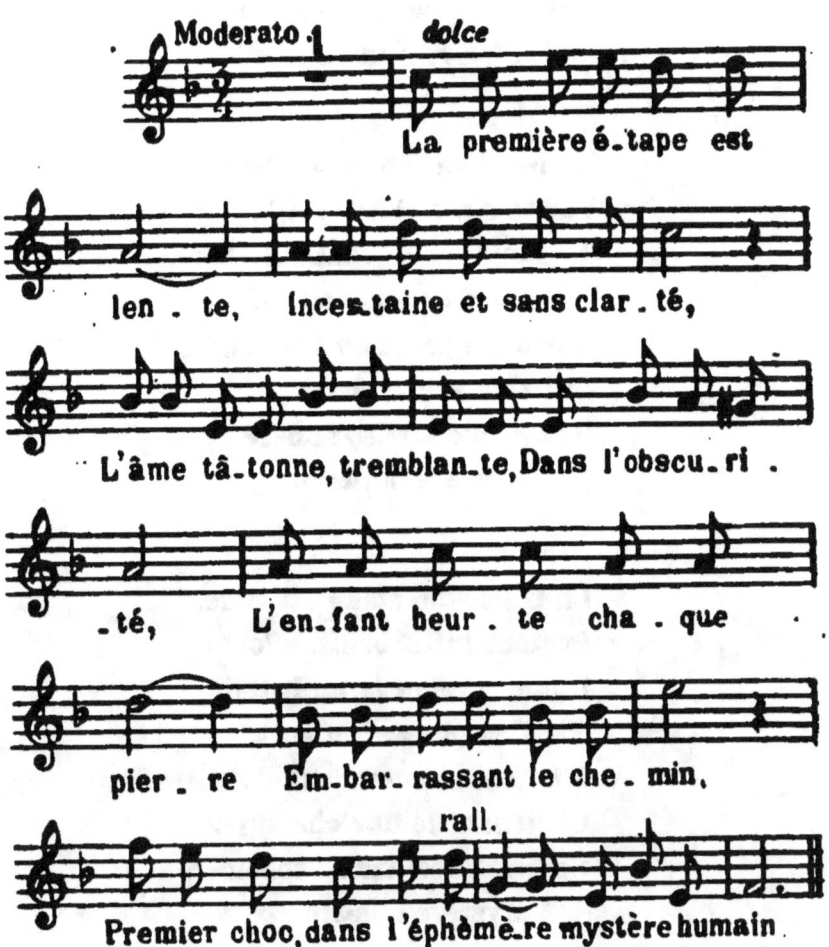

La première é_tape est len_te, Incer_taine et sans clar_té, L'âme tâ_tonne, tremblan_te, Dans l'obscu_ri_té, L'en_fant heur_te cha_que pier_re Em_bar_rassant le che_min, Premier choc, dans l'éphémè_re mystère humain

La première étape est lente,
Incertaine et sans clarté ;
L'âme tâtonne, tremblante,
    Dans l'obscurité.
L'enfant heurte chaque pierre
Embarrassant le chemin :
Premier choc dans l'éphémère
    Mystère humain.

La deuxième étape est douce,
Pleine d'air et de soleil ;
L'amour est le vent qui pousse
    Le cœur en éveil.
L'homme poursuit la chimère
Qui vole sur le chemin :
Prime joie en l'éphémère
    Mystère humain.

La troisième étape est rude,
Partout lutte, bruit, effort ;
L'âme erre en la multitude
    Des phases du sort.
L'homme tombe dans l'ornière
Obstruant le dur chemin :
Second choc dans l'éphémère
    Mystère humain.

La dernière étape est brève,
C'est la tristesse du soir ;
L'âme est veuve de tout rêve
    Et de tout espoir.
L'homme meurt dans la poussière
Où s'égare le chemin :
C'est la clef de l'éphémère
    Mystère humain.

Propriété de l'auteur.

LES EUNUQUES

A mon ami LUCAS de PRAZ, en bon souvenir.

CHANSONS DE RÉVOLTE
LES EUNUQUES

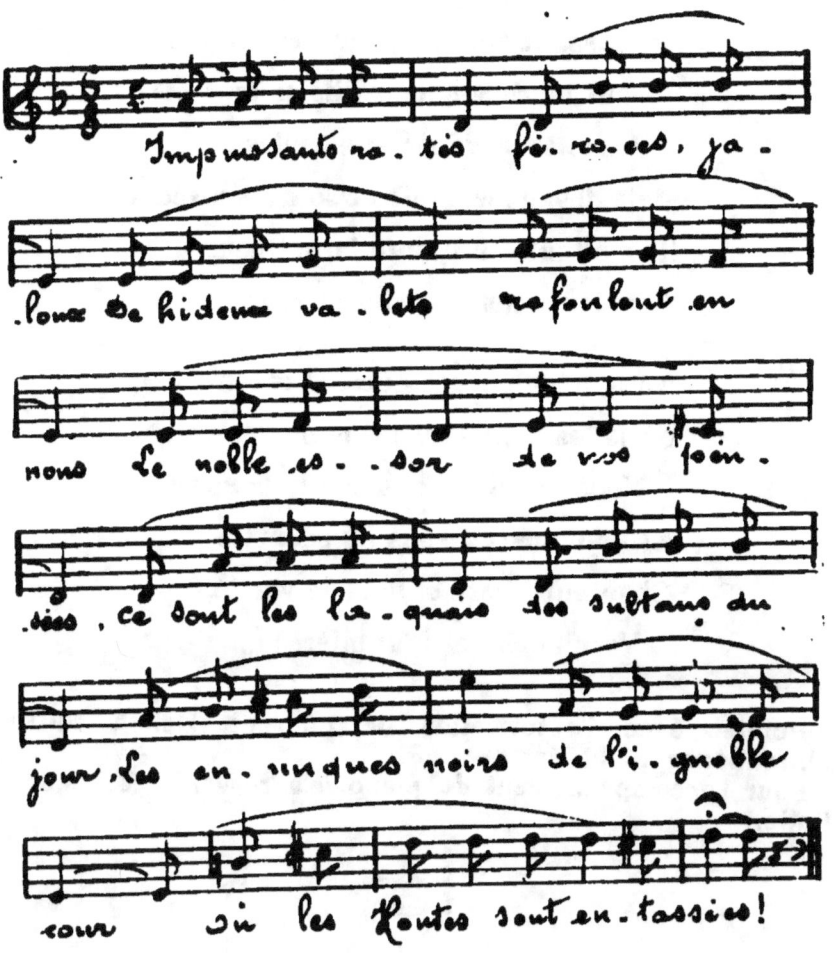

Impuissants ra-tés féroces, jaloux de hideux valets refoulent en
nous le noble es-sor de vos pensées, ce sont les laquais des sultans du
jour, les eunuques noirs de l'ignoble
cour où les hontes sont entassées!

Impuissants, ratés, féroces, jaloux,
De hideux valets refoulent en nous
　　Le noble essor de nos pensées ;
Ce sont les laquais des sultans du jour,
Les eunuques noirs de l'ignoble cour
　　Où les hontes sont entassées !

Repoussant en eux le flot des dépits,
Devant leurs seigneurs ils se font petits,
　　Humbles, timides et serviles :
Mais devant le faible et son défenseur,
Ils mettent à nu toute la noirceur
　　De leurs âmes lâches et viles.

Nous triompherons de ces incomplets,
Nous les chasserons comme des valets,
　　Nous les clouerons sur la poussière,
Et nous marcherons en sécurité,
Chantant l'harmonie et la vérité,
　　Vers l'idéal et la lumière !

Publiée avec l'autorisation de Laurent Hallet, éditeur, 40, faubourg Saint-Martin.
Pour l'accompagnement de piano, s'adresser à M. Laurent Hallet.

LES DÉCOMBRES

A mon ami Valéry HERMAY, en bon souvenir.

CHANSONS D'AURORE

LES DÉCOMBRES

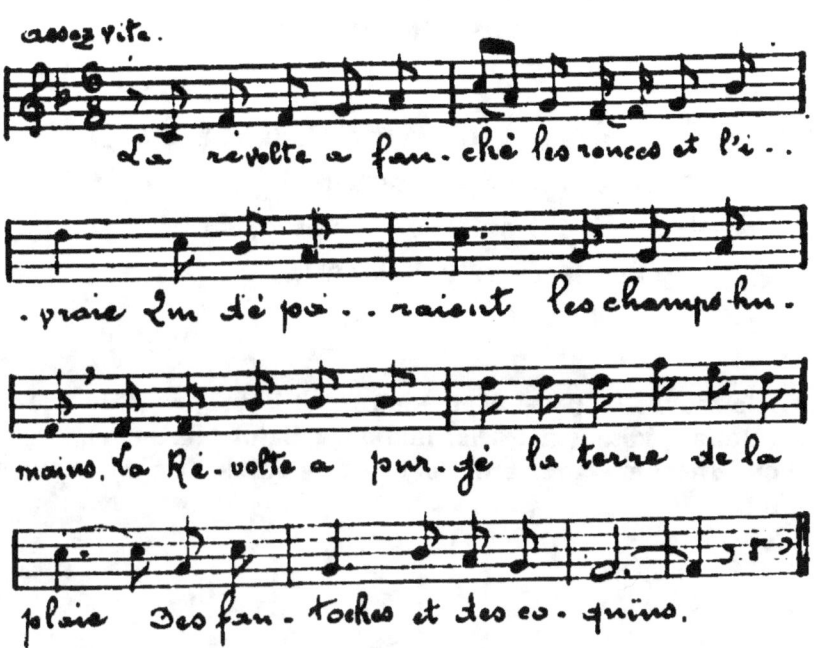

La révolte a fauché les ronces et l'ivraie
    Qui déparaient les champs humains ;
La révolte a purgé la terre de la plaie
    Des fantoches et des coquins.

La révolte a brisé ces absurdes idoles :
    Les préjugés et les abus ;
La révolte a chassé des derniers Capitoles
    Maîtres vils, valets corrompus.

La routine et le joug gisent dans les décombres
    Du sinistre et honteux passé :
La nuit pacifiante entoure de ses ombres
    Le mal à jamais terrassé.

C'est le calme qui suit l'effroi de la tempête,
    C'est le bonheur ressuscité,
C'est la nuit qui présage une aurore de fête
    Pour la nouvelle humanité !

Cette œuvre (paroles et musique) est la propriété de M. Laurent Hallet, éditeur à Paris, faubourg Saint-Martin, 40.

Pour l'accompagnement de piano, s'adresser à M. Laurent Hallet.

PEAU-ROUGE

PEAU-ROUGE

Cette chanson a une petite histoire :

En 1894, je donnais, en compagnie d'Irma Perrot, de Trimouillat et de Dumestre, des représentations à l'exposition d'Anvers.

Nous avions, comme voisins à l'hôtel, quelques Peaux-Rouges de la troupe Pawnee Bill, qui devinrent bientôt nos amis.

Le plus intelligent de ces Indiens se nommait : « Le petit cheval qui a peur du tonnerre. »

Je lui demandai un jour de me donner un souvenir.

Il prit une feuille de papier et écrivit ces deux mots.

Wanarcarca — Flowers
(Fleurs).

Je lui remis, le lendemain, en échange, la chanson qui suit :

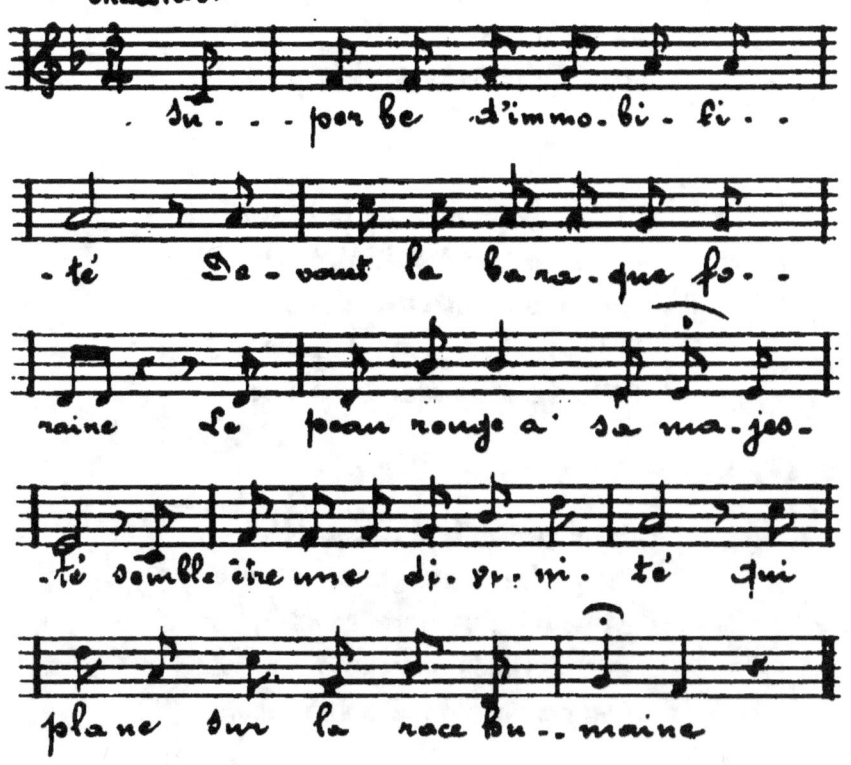

Superbe d'immobilité
Devant la baraque foraine,
Le Peau-Rouge, en sa majesté,
Semble être une divinité
Qui plane sur la race humaine.

Et sous l'impassibilité
De son masque d'indifférence,
On devine, en son entité,
La mystique naïveté
D'un cerveau primitif qui pense.

Et l'on pressent que la beauté
De son regard doit être faite
D'une mâle et pure clarté,
D'éclairs sanglants de liberté
Sillonnant le ciel de sa tête.

Sous prétexte d'humanité,
On t'a fait une ignoble chasse,
Et pour te vaincre, révolté,
Des civilisés ont capté
Les sources de ta noble race.

Drape-toi donc de ta fierté
Quand on t'exhibe dans nos villes.
Et que ton mépris soit jeté
Du haut de ta simplicité,
A la foule des imbéciles.

Propriété de l'auteur.

NOËL D'ENFANT

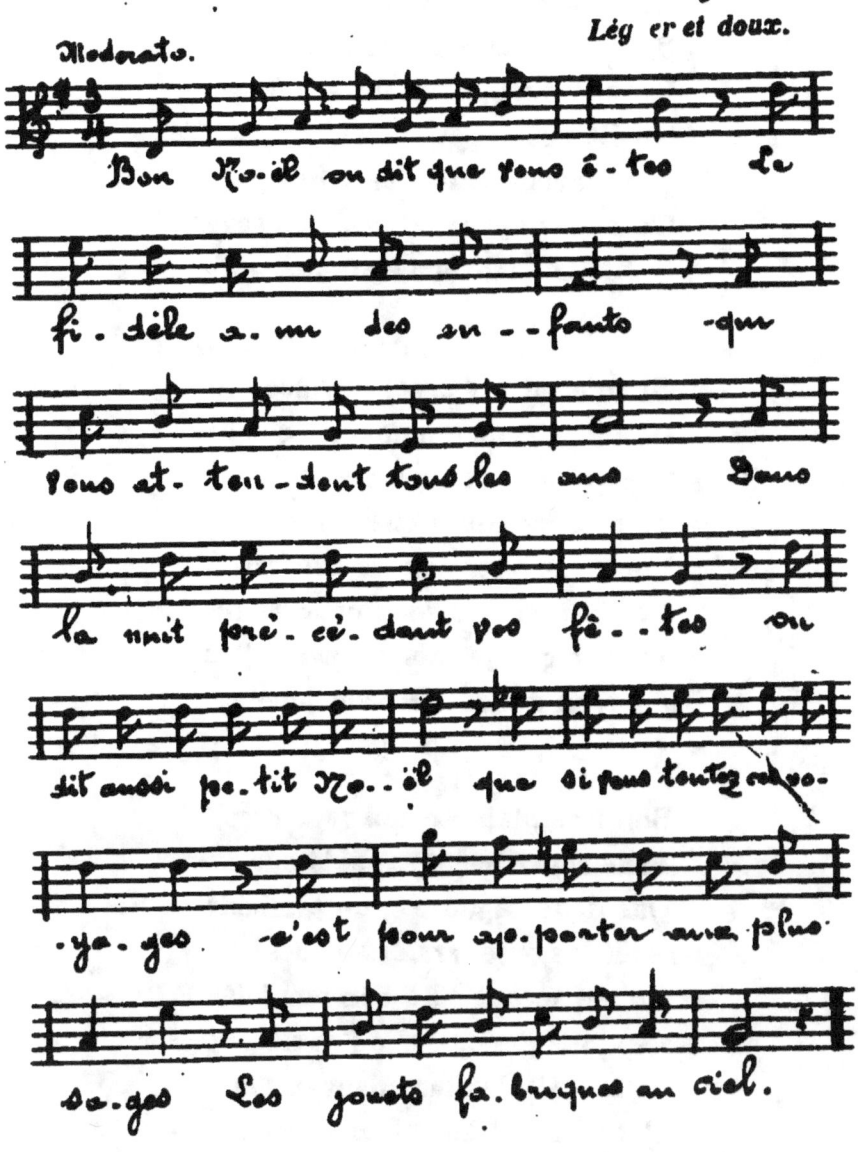

Bon Noël, on dit que vous êtes
Le fidèle ami des enfants
Qui vous attendent tous les ans
Dans la nuit précédant vos fêtes.
On dit aussi, petit Noël,
Que, si vous tentez ces voyages,
C'est pour apporter aux plus sages
Les jouets fabriqués au ciel.

Si ce n'est pas chose erronée,
Il faudra, sans manquer, ce soir,
Gentil Noël, venir me voir
En passant par la cheminée ;
Vous trouverez sur les chenets
Mes souliers où vous pourrez mettre
Tout ce que je vais me permettre
De vous demander pour jouets.

Bon Noël, laissez-moi vous dire,
Sans réticence et sans détour,
Que deux baguettes, un tambour
Sont les premiers que je désire ;
Ils me seront d'un bon emploi
Ces jolis joujoux que j'envie ;
Je saurai plus tard dans la vie
Battre la caisse autour de moi.

Puis voici ce que je quémande
Comme utile et dernier jouet :
Tout simplement un long fouet,
De manche fort, de mèche grande ;
Car, doux Noël, cher aux enfants,
Je veux, au cours de l'existence,
Avoir assez d'expérience
Pour flageller tous les méchants !

Publiée par l'*Illustration*, le 28 décembre 1895, et reproduite avec son autorisation, 22, rue St-Georges, Paris.

LES MURMURES

A mon ami Gaston DUMESTRE, en affectueux souvenir.

LES MURMURES

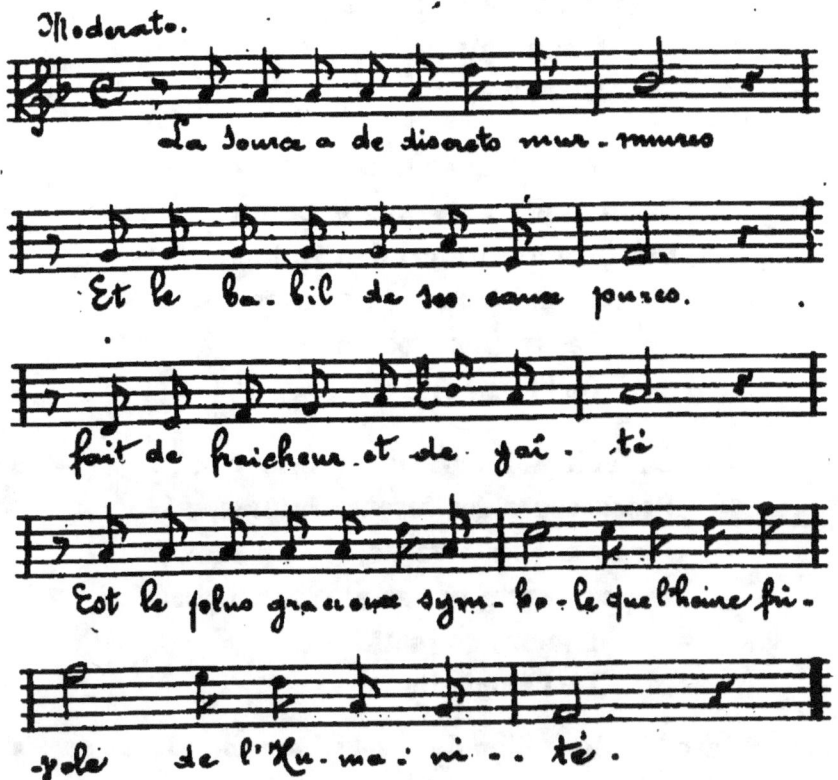

La source a de discrets murmures.
Et le babil de ses eaux pures,
Fait de fraîcheur et de gaîté,
Est le plus gracieux symbole
    De l'heure frivole
    De l'humanité.

La forêt a de longs murmures ;
La voix grave de ses ramures,
Grandiose en sa majesté,
Célèbre en un rythme sévère,
    L'heure de prière
    De l'humanité.

La mer a de houleux murmures,
Et du fond de ses eaux impures,
Beau comme un cri de révolté,
S'élève un hymne qui présage
    Les heures d'orage
    De l'humanité.

La foule a d'imposants murmures,
Précurseurs des fureurs futures
D'où surgira la vérité,
Pour qu'enfin naisse et s'accomplisse
    L'heure de justice
    De l'humanité.

Publiée avec l'autorisation de l'*Album Musical*, 23, rue du Mail, Paris.

LE TOAST

A mon ami J. F. GONON, en affectueux souvenir.

LE TOAST

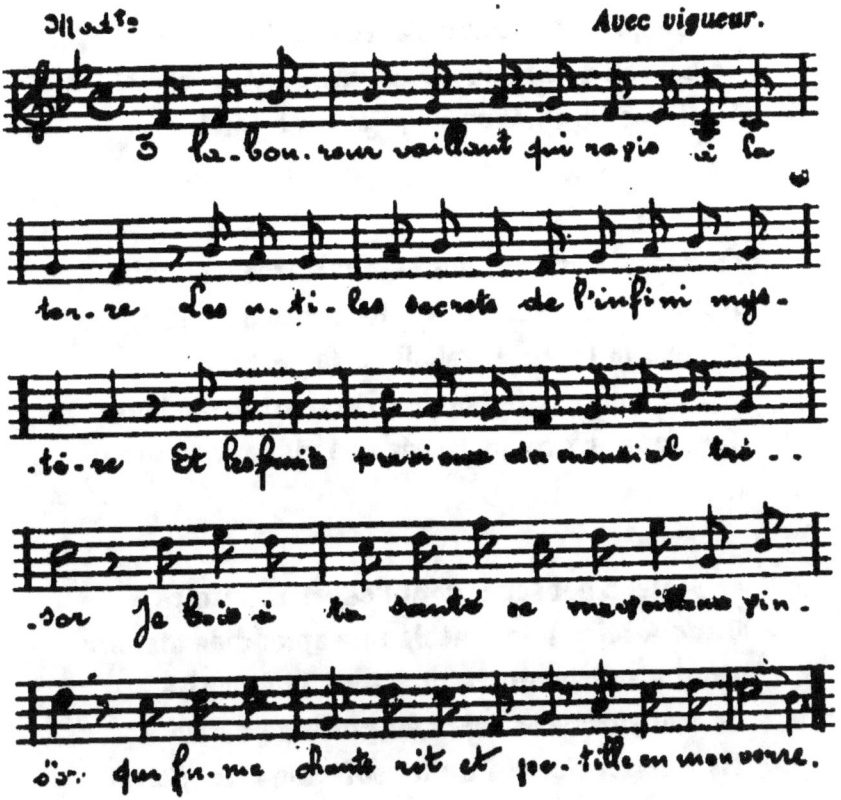

O laboureur vaillant qui ravis à la terre
Les utiles secrets de l'infini mystère
Et les fruits précieux du mondial trésor,
Je bois à ta santé ce merveilleux vin d'or
Qui fume, chante, rit et pétille en mon verre.

O vigneron, par qui du sol de la colline
Jaillit le flot sacré de la source divine
Où l'esprit et le cœur s'abreuvent de gaîté,
Je bois en ton honneur ce vin dont la clarté
Unit l'or de Phébus à l'argent de Lucine.

O modeste artisan dont l'œuvre forte et saine
Aplanit lentement la vieille route humaine,
Rude à la loyauté, rebelle à la valeur,
A ton bonheur je bois ce vin dont la chaleur
Redonne aux corps lassés une vigueur sereine.

O poète, ô penseur, dont l'effort méritoire
Tend à faire à ton siècle une splendide histoire
Dont s'enorgueillira plus tard l'humanité,
Je transforme ce verre en puits de vérité
Et consacre le vin qu'il renferme à ta gloire.

O vin doré qui ris et chantes dans mon verre,
Confie aux hommes purs la clef de ce mystère
Que les destins ont mis dans cette trinité :
La justice, l'amour et la fraternité,
O vin, fils du soleil, ô vin, fils de la terre !

Propriété de M. Pierre Dupont
47, rue de Thizy, Villefranche-sur-Saône (Rhône).
Publiée avec son autorisation.

POUR LES VACANCES

A mon petit ami Raymond HERMAY.

POUR LES VACANCES

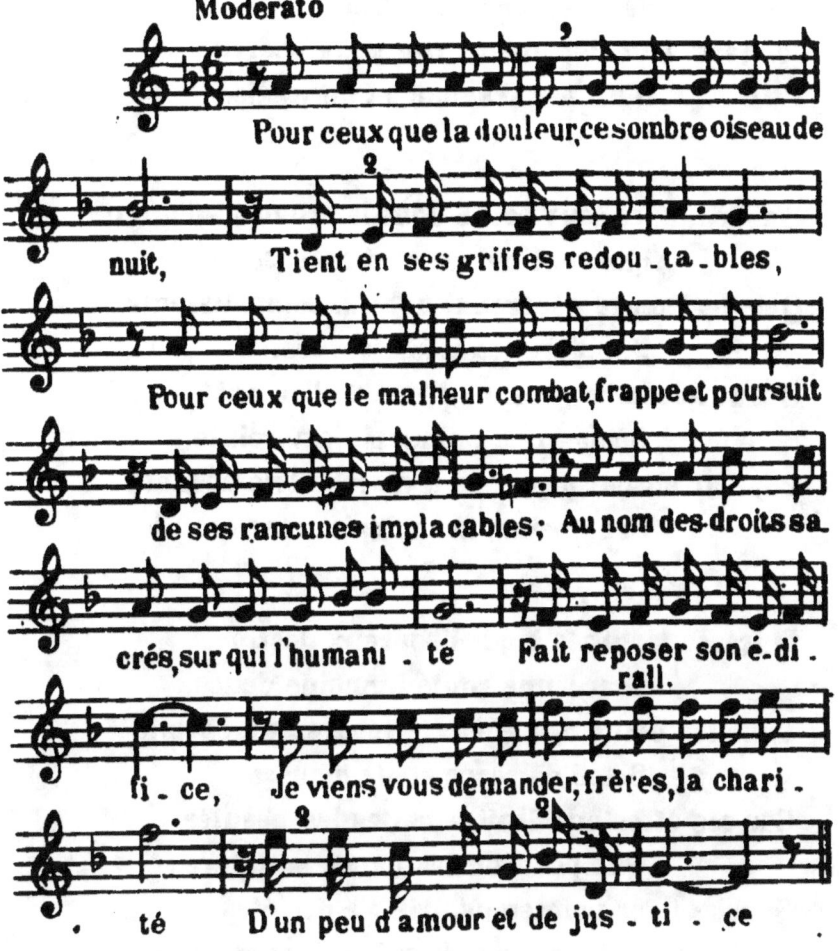

Pour ceux que la douleur, ce sombre oiseau de nuit,
    Tient en ses griffes redoutables,
Pour ceux que le malheur combat, frappe et poursuit
    De ses rancunes implacables,
Au nom des droits sacrés sur qui l'humanité
    Fait reposer son édifice,
Je viens vous demander, frères, la charité
    D'un peu d'amour et de justice !

C'est pour les tout-petits dont les cœurs innocents
    Ignorent haines et discordes,
Que des cœurs généreux, nobles, compatissants,
    J'implore les miséricordes.
Il faut que la bonté dans l'âme de l'enfant
    Dépose une immuable empreinte,
Pour qu'au but de sa vie il marche triomphant,
    Sans peine, sans dépit, sans crainte.

O frères fortunés à qui l'heureux destin
    Trace une route humaine douce,
Pour les petits des gueux, préparez un chemin
    Semé de roses et de mousse.
Car ces êtres ont droit à toutes les beautés
    Que porte en ses flancs la nature :
Sourires des printemps, délices des étés,
    Air, chaleur, lumière et verdure.

Loin du tumulte ardent de la cité de feu,
        Loin des fournaises et des mines,
Près de l'éther, près du soleil, près du ciel bleu,
        Ces vieux amis de nos collines,
Il faut les envoyer, munis de la gaîté
        Pour tout bagage et pour seul livre,
Trouver ces deux trésors : la force et la santé
        Qui les rendront joyeux de vivre !

Et plus tard, ces bambins, devenus sains et forts
        Grâce à votre aide salutaire,
Consacreront leur temps, leur vie et leurs efforts
        A doter notre vieille terre
D'un temple de beauté, de paix et de bonheur,
        Dont le merveilleux frontispice
Portera ces trois mots d'idéale splendeur :
        « Devoir, Fraternité, Justice ! »

LA BOUE

A mon ami Gabriel GRAS, cordialement.

LA BOUE

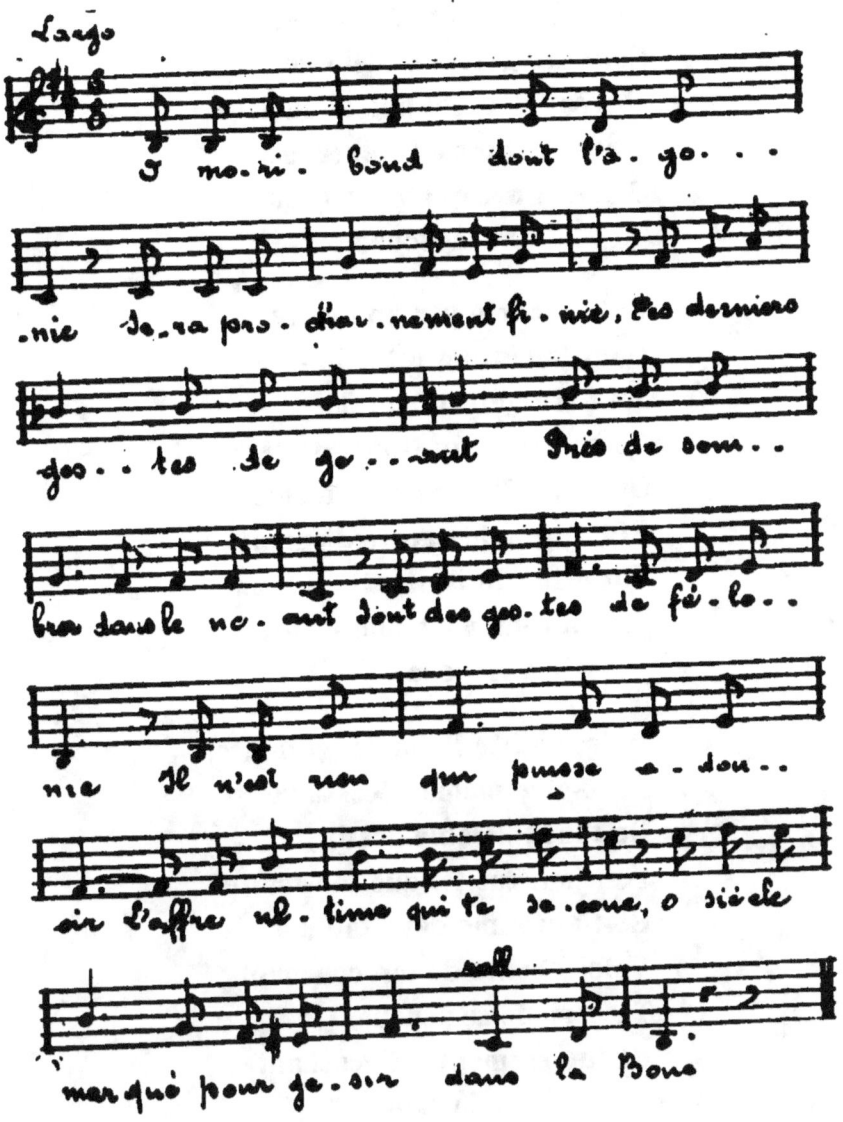

O moribond dont l'agonie
Sera prochainement finie,
Tes derniers gestes de géant
Près de sombrer dans le néant
Sont des gestes de félonie.
Il n'est rien qui puisse adoucir
L'affre ultime qui te secoue,
O siècle marqué pour gésir
    Dans la Boue !

Tu fus porté par une mère
Dont la couche fut salutaire ;
Tu fus rejeté de son flanc
Au milieu d'un limon de sang
Où vint s'embourber la colère.
Et ton premier geste d'enfant
Fut celui de l'enfant qui joue
Car tu remuas, triomphant,
    De la Boue !

Puis, de par la loi sanguinaire,
Peut-être même nécessaire,
De l'inexplicable destin,
Ton jour fut tel que ton matin
Et tu croupis dans ta misère !
Voici l'heure de ton couchant,
Ta période se dénoue,
Et tu vas mourir te cachant
    Dans la Boue !

Mais qu'importe, car la nature
Va jeter dans ta pourriture
La semence de la beauté ;
Le bonheur de l'humanité
Prendra naissance en ton ordure :
Un chaud soleil de vérité,
Fils du sol où la mort te cloue,
Fera surgir la fleur Bonté
De ta Boue !

Propriété de Dorey, éditeur, 94-96, passage Brady. Publiée avec son autorisation.

LE PAVÉ

A mon ami CORNAND, en bon souvenir.

LE PAVÉ

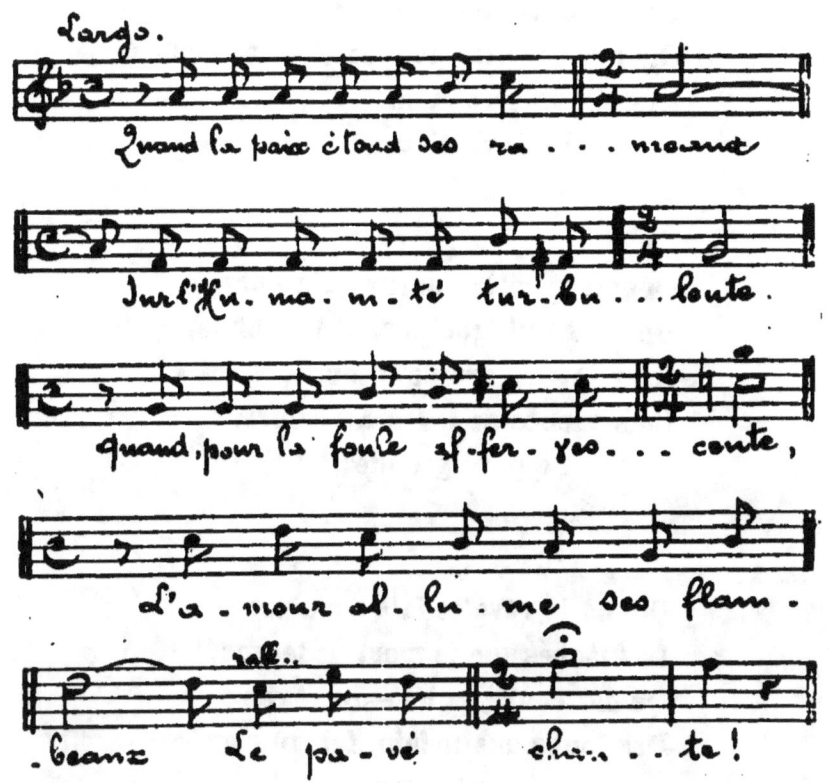

Quand la paix étend ses rameaux
Sur l'humanité turbulente,
Quand, pour la foule effervescente,
L'amour allume ses flambeaux,
  Le pavé chante !

Quand la douleur paraît au seuil
De toute tranquille demeure,
Quand, pour les hommes, sonne l'heure
Et de la misère et du deuil,
  Le pavé pleure !

Quand la colère naît aux cœurs
De ceux qui troubleront le monde,
En y jetant, graine féconde,
La semence de leurs rancœurs,
  Le pavé gronde !

Quand la révolte fait trembler
Les lâches que la mort dédaigne,
Quand l'aube se lève du règne
Des loups que la faim fait hurler,
  Le pavé saigne

Quand la haine étreint les cerveaux,
Quand la voix des pitiés s'est tue,
Quand l'humanité s'évertue
A procréer des jours nouveaux,
    Le pavé tue !

Publiée avec l'autorisation de M. Digoudé-Diodet, éditeur, 39, faubourg Saint-Martin. *Chansons du pavé*

L'ENFANT-L'HOMME

A mon ami Louis PIOT, cordialement.

L'ENFANT-L'HOMME

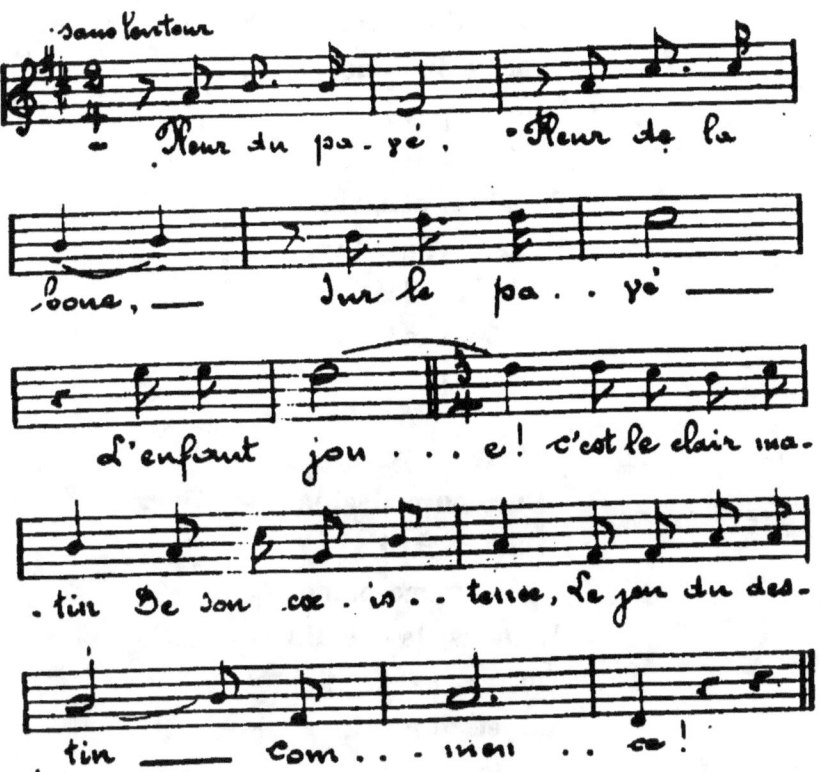

Fleur du pavé,
Fleur de la boue,
Sur le pavé
   L'enfant joue !
C'est le clair matin
De son existence,
Le jeu du destin
   Commence !

Fleur du pavé,
Amère ou douce,
Sur le pavé
   L'enfant pousse !
Plaisir et chagrin
L'incitent à vivre,
Le jeu du destin
   L'enivre !

Fleur du pavé,
Pure ou malsaine,
Sur le pavé
   L'homme peine !
Rude est le chemin
Où rare est la joie,
Le jeu du destin
   Le broie !

Fleur du pavé.
Fleur de la tombe,
Sur le pavé
  L'homme tombe !
C'est l'obscur déclin
De sa lutte brève ;
Le jeu du destin
  L'achève !

Publiée avec l'autorisation de M. Digoudé-Diodet, éditeur, 39, faubourg Saint-Martin. *Chansons du pavé.*

LE VIEILLARD

A mon ami Albert SURIER, en sympathique souvenir.

LE VIEILLARD

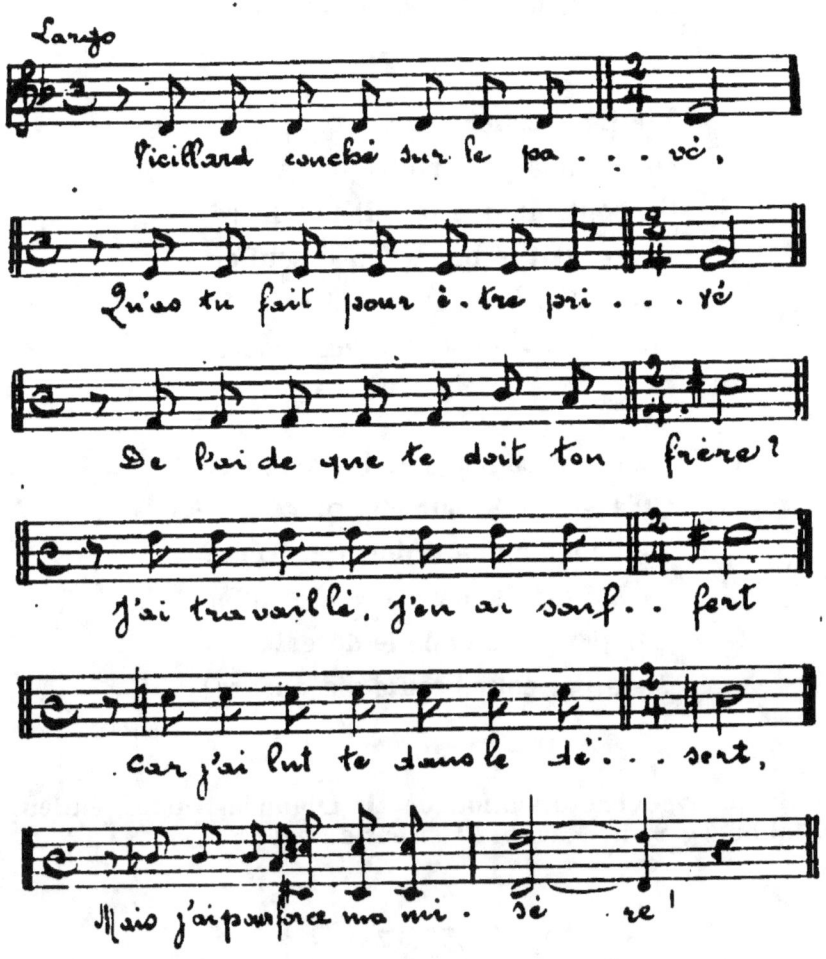

Vieillard couché sur le pavé,
Qu'as-tu fait pour être privé
De l'aide que te doit ton frère ?
— J'ai travaillé, j'en ai souffert,
Car j'ai lutté dans le désert ;
Mais j'ai pour force ma misère !

Vieillard couché sur le pavé,
Qu'as-tu fait pour être privé
Du bonheur que te doit ton frère ?
— J'ai fait le bien, j'en ai souffert,
Car je l'ai fait dans le désert ;
Mais j'ai pour orgueil ma misère !

Vieillard couché sur le pavé,
Qu'as-tu fait pour être privé
De l'amour que te doit ton frère ?
— J'ai dit l'amour, j'en ai souffert,
Car j'ai parlé dans le désert ;
Mais j'ai pour beauté ma misère !

Publiée avec l'autorisation de M. Digoudé-Diodet, éditeur,
39, faubourg Saint-Martin. *Chansons du pavé.*

LA FEMME

A mes amis M. et Mme Paul DAUBRY, en cordial souvenir.

LA FEMME

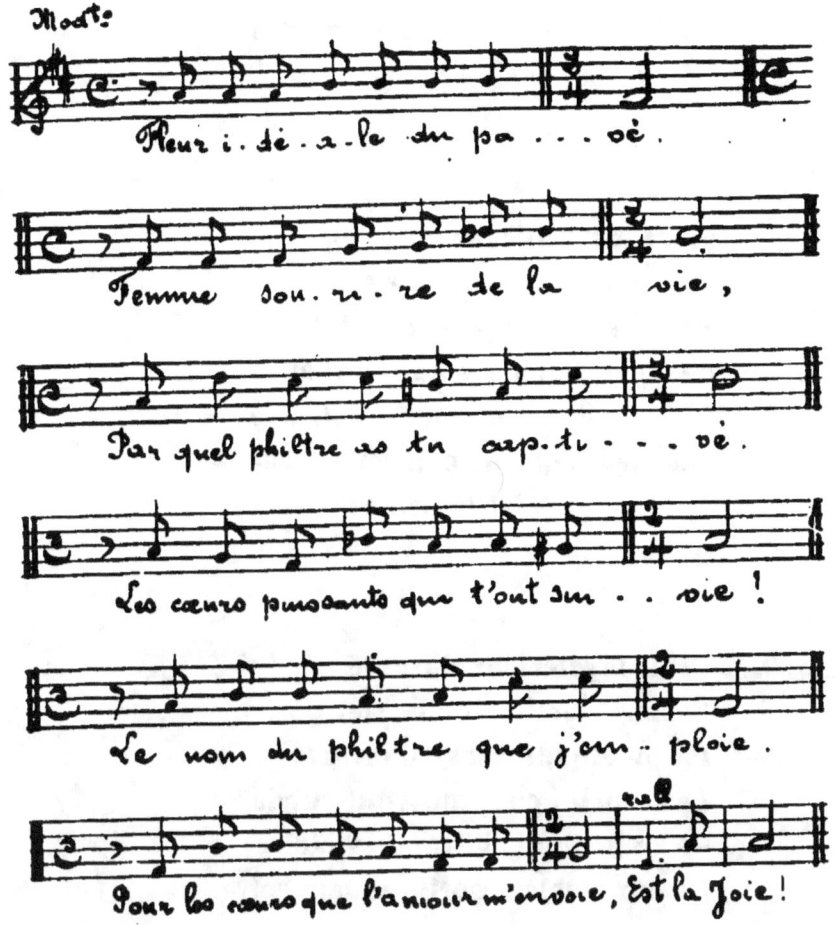

Fleur idéale du pavé,
Femme, sourire de la vie,
Par quel philtre as-tu captivé
Les cœurs puissants qui t'ont suivie ?
— Le nom du philtre que j'emploie
Pour les cœurs que l'amour m'envoie,
      Est la joie !

Fleur merveilleuse du pavé,
O femme, larme de la vie,
Par quel philtre as-tu captivé
Les cœurs simples qui t'ont suivie
— Le philtre par lequel j'entraîne
Les cœurs que mon caprice enchaîne,
      Est la peine !

Fruit mystérieux du pavé,
Femme, lumière de la vie,
Par quel philtre as-tu captivé
Les esprits purs qui t'ont suivie ?
— Le nom du philtre de victoire
Qu'aux nobles esprits je fais boire,
      Est la gloire !

Fruit empoisonné du pavé,
Femme, ténèbre de la vie,
Par quel philtre as-tu captivé
Les esprits vils qui t'ont suivie ?
— Le philtre par lequel je dompte
Les esprits que la mort me compte,
Est la honte !

Publiée avec l'autorisation de M. Digoudé-Diodet, éditeur, 39, faubourg Saint-Martin. *Chansons du pavé.*

LA FOULE

A mon ami Henri RAINALDY, affectueusement.

LA FOULE

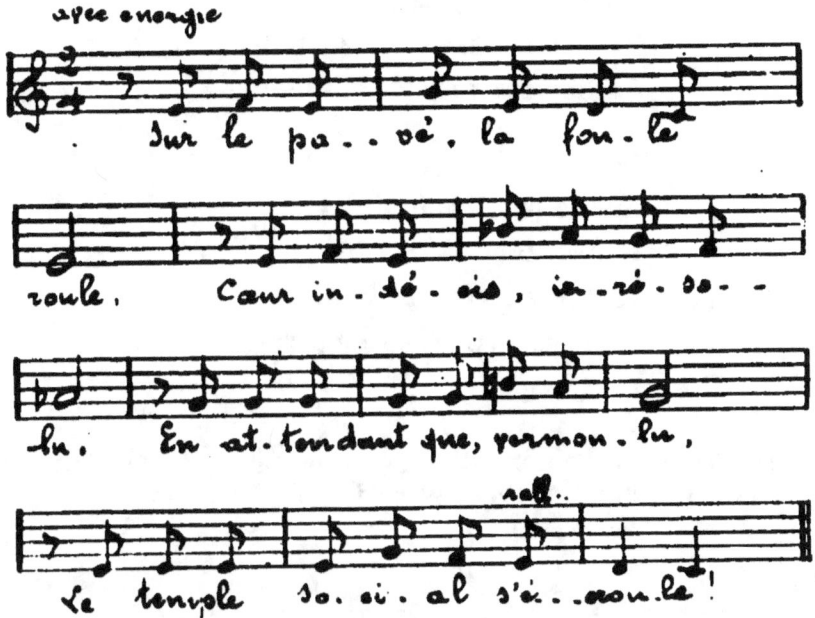

Sur le pavé, la foule roule,
Cœur indécis, irrésolu,
En attendant que, vermoulu,
Le temple social s'écroule !

Sur le pavé, la foule implore
Du grand que la vie a fêté,
Travail, amour et vérité ;
Le puissant dédaigneux l'ignore !

Sur le pavé, la foule tonne,
Esprit en feu, cœur en fureur ;
Et de faiblesse et de terreur,
Lâchement, le repu frissonne !

Sur le pavé, la foule expire,
Car en tous lieux et temps l'on voit
La force terrasser le droit
Et l'asservir à son empire !

Publiée avec l'autorisation de M. Digoudé-Diodet, éditeur, 39, faubourg Saint-Martin, *Chansons du pavé*.

LE HASARD

A mes amis M. et Mme Gabriel CLOUZET,
en cordial hommage.

LE HASARD

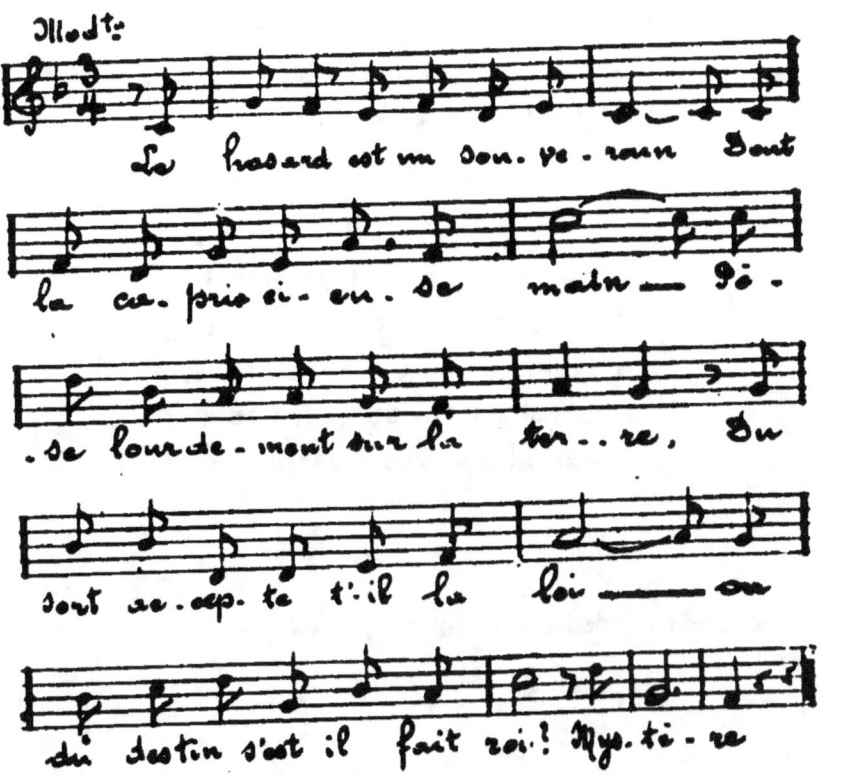

Le hasard est un souverain
Dont la capricieuse main
Pèse lourdement sur la terre.
Du sort accepte-t-il la loi
Ou du destin s'est-il fait roi ?
   Mystère!!

C'est de ce maître tout-puissant
Que chaque homme tient en naissant
Soit la force, soit la faiblesse ;
C'est par sa seule volonté
Que vit et meurt l'humanité
   Sans cesse.

C'est par lui que viennent au jour
La joie ou la douleur d'amour,
La douceur ou le fiel de gloire,
Et c'est lui qui du genre humain
Écrit d'hier et de demain
   L'histoire !

La Chanson de France, éditeur, Paris.

LES REVENANTS

A mon ami Georges RIMET, cordialement.

LES REVENANTS

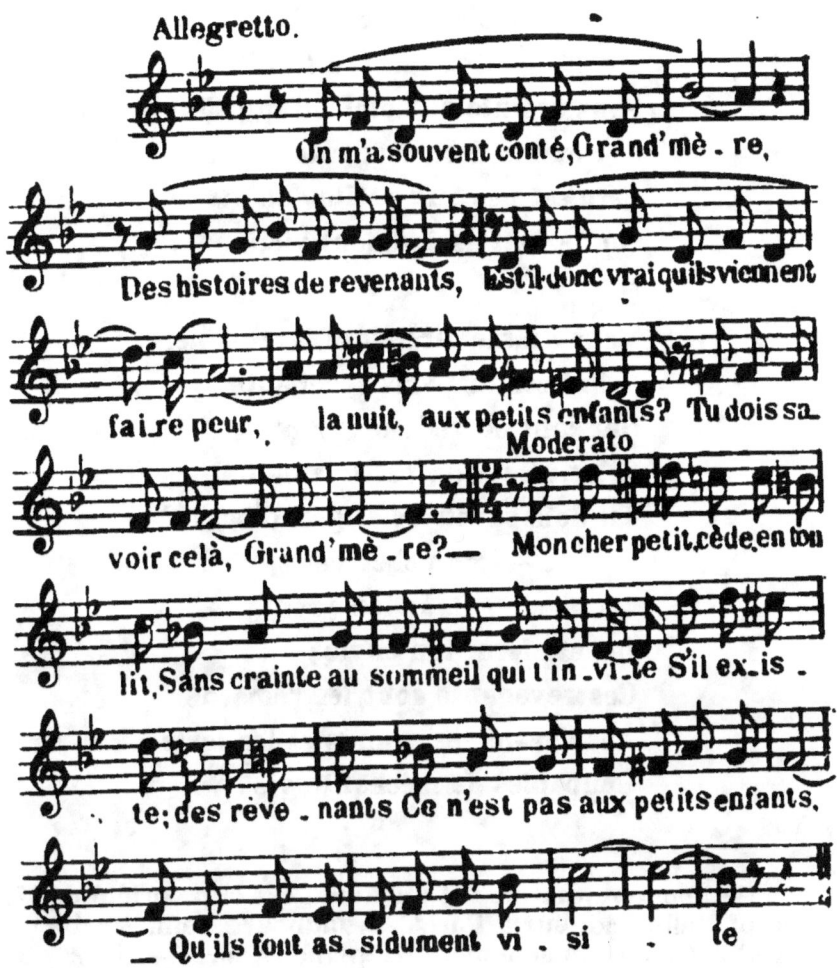

On m'a conté souvent, grand'mère
Des histoires de revenants.
Est-il donc vrai qu'ils viennent faire
Peur la nuit aux petits enfants.
Tu dois savoir cela, grand'mère ?
  — Mon cher petit,
   Cède en ton lit
Sans crainte au sommeil qui t'invite.
S'il existe des revenants,
Ce n'est pas aux petits enfants
Qu'ils font assidûment visite.

Veux-tu me dire alors, grand'mère,
A qui ces mauvais revenants
Ont tant de visites à faire,
Si ce n'est aux petits enfants.
Tu dois savoir cela, grand'mère ?
  — Mon cher petit,
   Pour ton profit
Je satisferai ton envie ;
Ces revenants sont les remords
Assiégeant les grands et les forts.
Coupables de méchante vie !

Cette œuvre (paroles et musique) est la propriété de M. Laurent Hallet, éditeur à Paris, 40, faubourg Saint-Martin.
Pour l'accompagnement de piano, s'adresser à M. Laurent Hallet.

LA RÉVOLTE

*A mon ami le D*r *BINET-SANGLÉ, affectueusement.*

LA RÉVOLTE

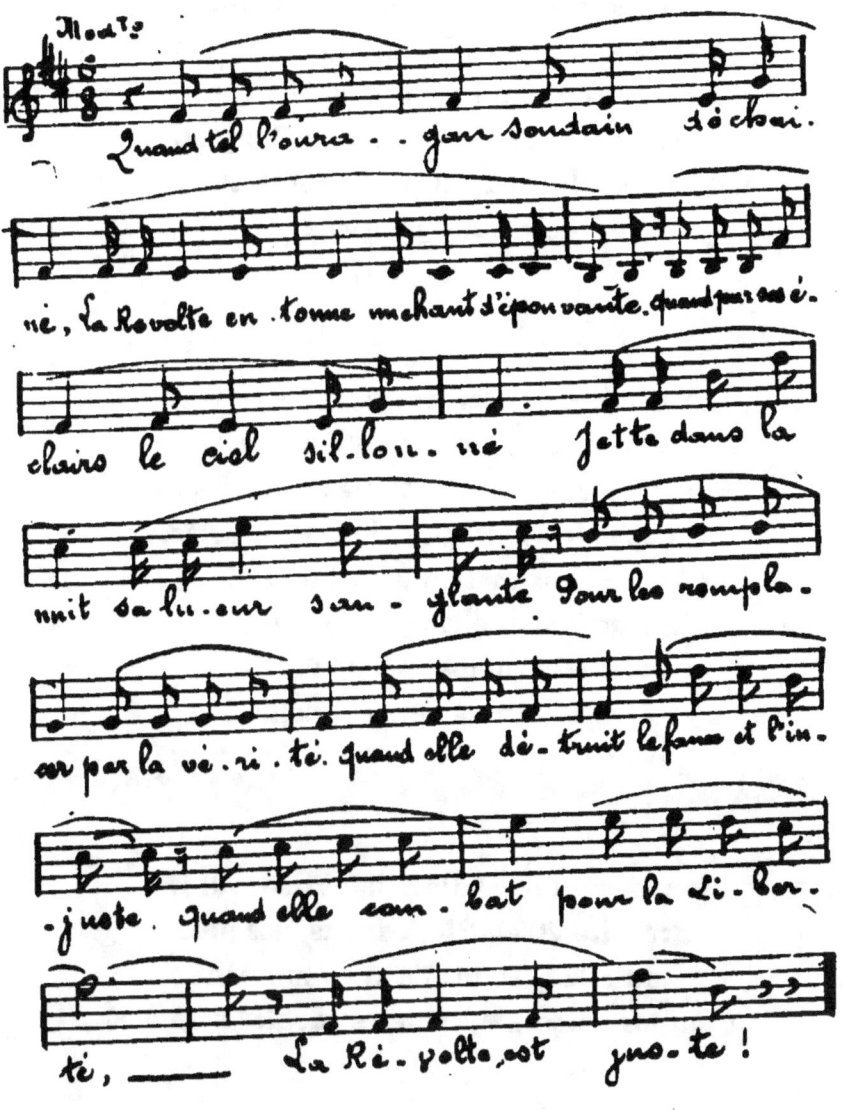

Quand, tel l'ouragan soudain déchaîné,
La révolte entonne un chant d'épouvante ;
Quand, par ses éclairs, le ciel sillonné
Jette sur la nuit sa lueur sanglante ;
Pour les remplacer par la vérité,
Quand elle détruit le faux et l'injuste ;
Quand elle combat pour la liberté,
    La révolte est juste !

Quand, tel le torrent soudain furieux,
La révolte épand ses flots sur la terre ;
Quand son bond sublime et victorieux
Couche les puissants devant sa colère ;
Quand pour mettre fin à l'iniquité,
Elle anéantit, efface et nivelle ;
Quand elle combat pour l'égalité,
    La révolte est belle !

Quand, tel l'incendie éclatant soudain,
La révolte étreint les esprits, les âmes ;
Quand elle assainit l'édifice humain
Par les baisers purs de ses nobles flammes ;

Quand, pour faire entendre un cri de bonté,
Elle étouffe pleurs, sanglots, douleurs, plaintes ;
Quand elle prédit la fraternité,
      La révolte est sainte !

Cette œuvre (paroles et musique) est la propriété de M. Laurent Hallet, éditeur à Paris, 40, faubourg Saint-Martin.
Pour l'accompagnement de piano, s'adresser à M. Laurent Hallet.

Heures de Calme

LA RONDE DES HEURES

HEURES DE CALME 95

A mon ami Maurice LAPAINE, affectueusement.

LA RONDE DES HEURES

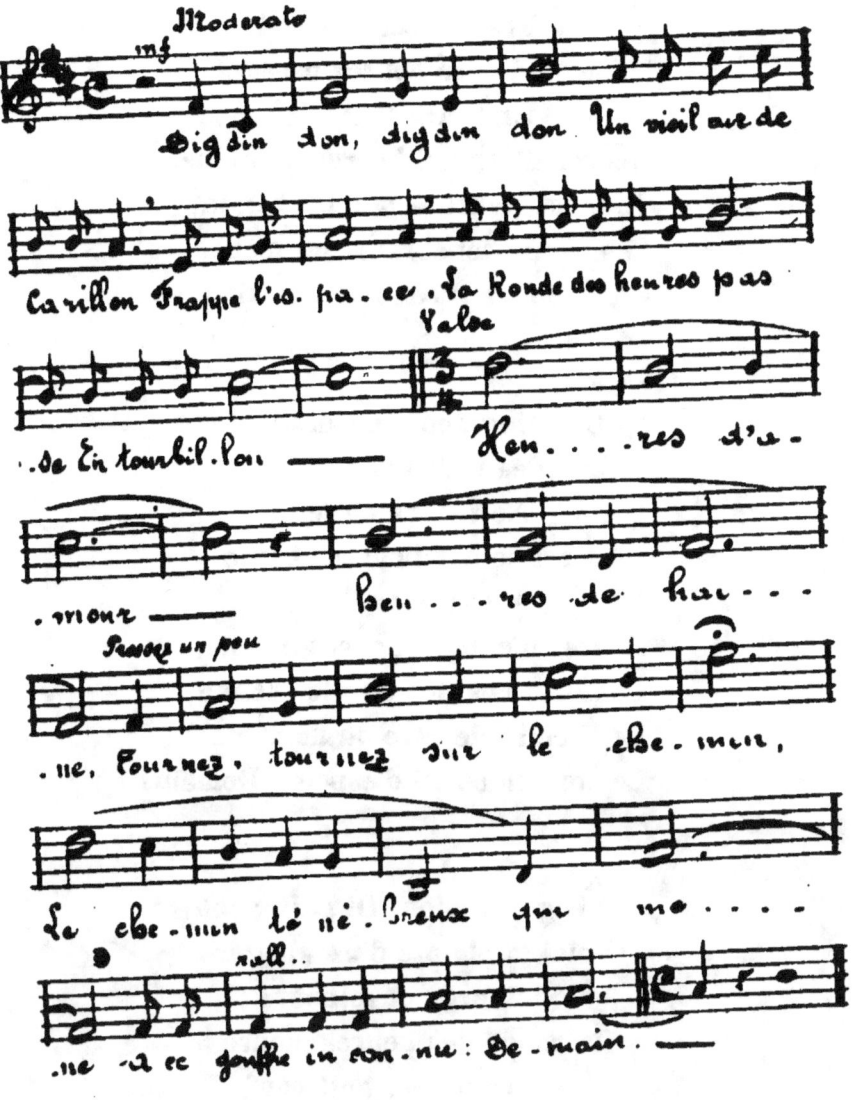

Dig ding don, Dig ding don,
Un vieil air de carillon
    Frappe l'espace :
La ronde des heures passe
    En tourbillon.
Heures d'amour, heures de haine,
Tournez, tournez sur le chemin,
Le chemin ténébreux qui mène
A ce gouffre inconnu : Demain !

Dig ding don, Dig ding don,
Une idéale chanson
    Naît, vive ou lente :
La ronde des heures chante
    A l'unisson.
Heures d'extase, heures de joie,
Chantez, chantez sur le chemin,
Le chemin de rêve où flamboie
Comme un soleil d'espoir : Demain !

Dig ding don, Dig ding don,
Voici la plainte d'un glas
    Sourde et mineure ;
La ronde des heures pleure
    Tout bas, tout bas.

Heures de deuil, heures de peine,
Pleurez, pleurez sur le chemin,
Le chemin d'angoisse qui mène
A ce val douloureux : Demain !

Dig ding don, Dig ding don,
Les chants vont s'évanouir
Parmi l'espace ;
La ronde des heures passe,
Et va mourir.
Heures d'amour, heures de haine,
Mourez, mourez sur le chemin,
Le chemin de la vie humaine
Que barre cet écueil : Demain !

Publiée avec l'autorisation de M. Jean Pascal, éditeur de *la Musique pour Tous*, 33, rue de Provence.
La musique d'accompagnement se trouve chez E. Teulet aux Chansons de Trianon, 66, passage Brady, Paris.

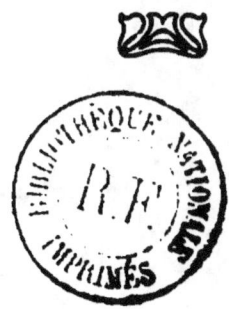

CROYANCE

A Mlles Marie et Louise TRIMOUILLAT,
en affectueux souvenir.

CROYANCE

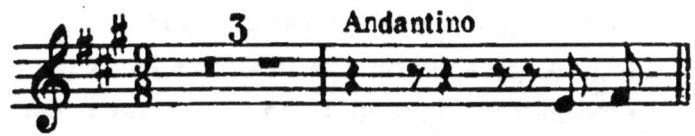

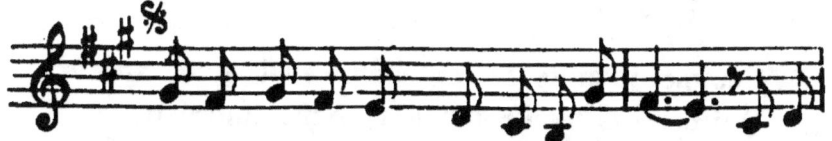

je crois en toi, comme en l'idole auguste, Qui ré-

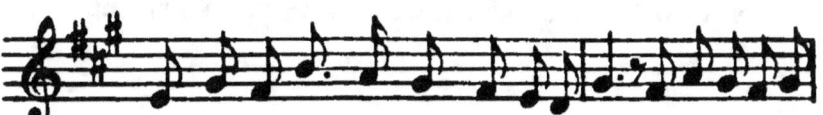

pand, tour à tour, sur notre humanité; Les sourires du

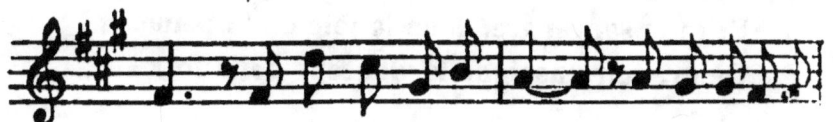

beau, les larmes de l'injuste, Le miel: illusi-

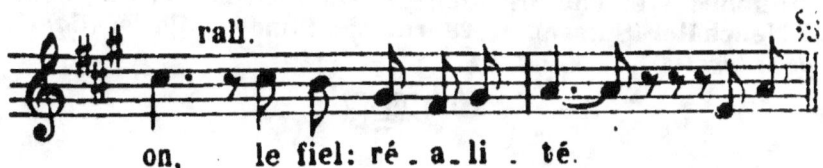

on, le fiel: réalité.

Femme, je crois en toi comme en l'idole auguste
Qui répand, tour à tour, sur notre humanité
Les sourires du beau, les larmes de l'injuste,
Le miel illusion, le fiel réalité !

Femme, je crois en toi, car grande est ta puissance,
Car tu sèmes le bien et tu verses les maux ;
Car, de par ton vouloir, le prêtre qui t'encense
Est criminel obscur ou glorieux héros !

Femme, je crois en toi comme en la muse sainte
Qui bercera mon cœur de rythmes imprévus.
Et qui m'emportera, dans une exquise étreinte,
Vers d'éternels edens, qu'en mes rêves j'ai vus !

Et c'est pourquoi toujours tu seras souveraine
Des sentiments divers qui combattront en moi.
Et je te saurai gré, dans la joie ou la peine,
De m'avoir enseigné la douceur de la foi !

Publiée avec l'autorisation de Sandoz-Jobin et Cie, éditeurs
à Neuchâtel (Suisse), et 28 rue de Bondy à Paris, (*Cantiques
de tendresse*).

CROIRE EST DOUX

A M. et Mme Paul THOMAS, en amical souvenir.

CROIRE EST DOUX

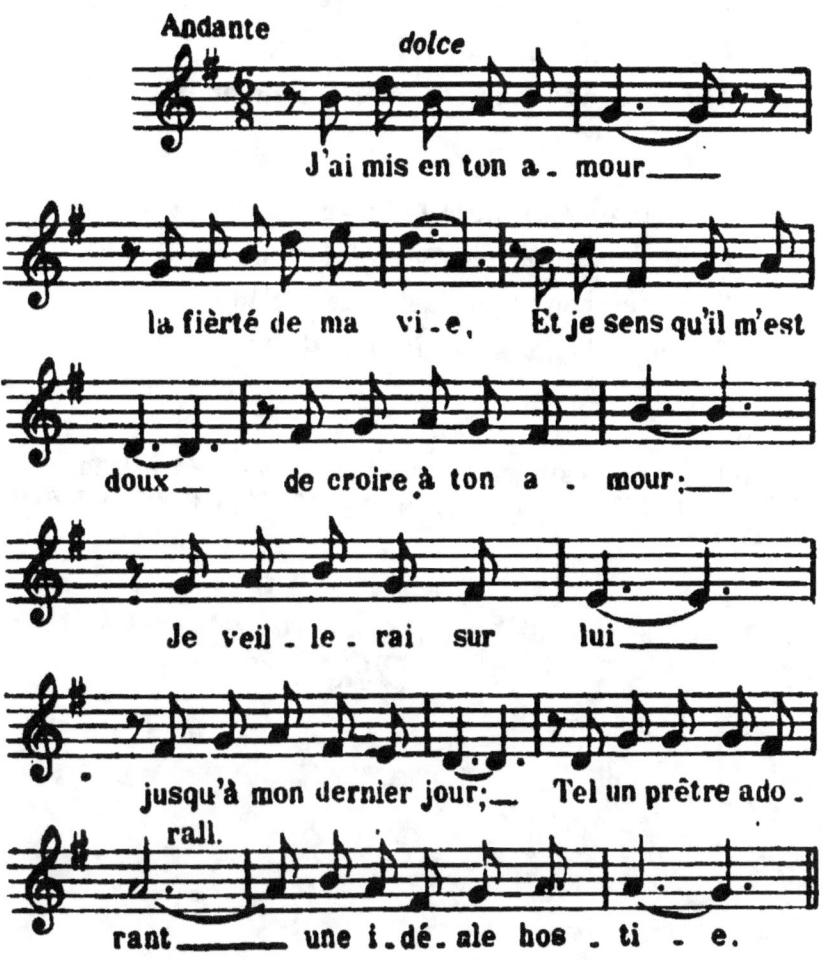

J'ai mis en ton amour la fierté de ma vie
Et je sens qu'il m'est doux de croire à ton amour.
Je veillerai sur lui jusqu'à mon dernier jour
Tel un prêtre adorant une idéale hostie.

J'ai mis en ta bonté la fièvre de mon être
Et je sens qu'il m'est doux de croire à ta bonté
Je la protégerai contre la cruauté
Des ouragans mortels que la douleur fait naître.

J'ai mis en ta beauté la splendeur de mon songe
Et je sens qu'il m'est doux de croire à ta beauté.
Elle sera pour moi l'astre de vérité
Qui me dégagera des limbes du mensonge !

¹ Publiée avec l'autorisation de Sandoz-Jobin et Cie, éditeurs à Neuchâtel (Suisse), et 28, rue de Bondy à Paris (*Cantiques de tendresse*).

VIE ET BONHEUR

*A mes amis M. et Mme Georges CHARTON,
en cordial souvenir.*

VIE ET BONHEUR

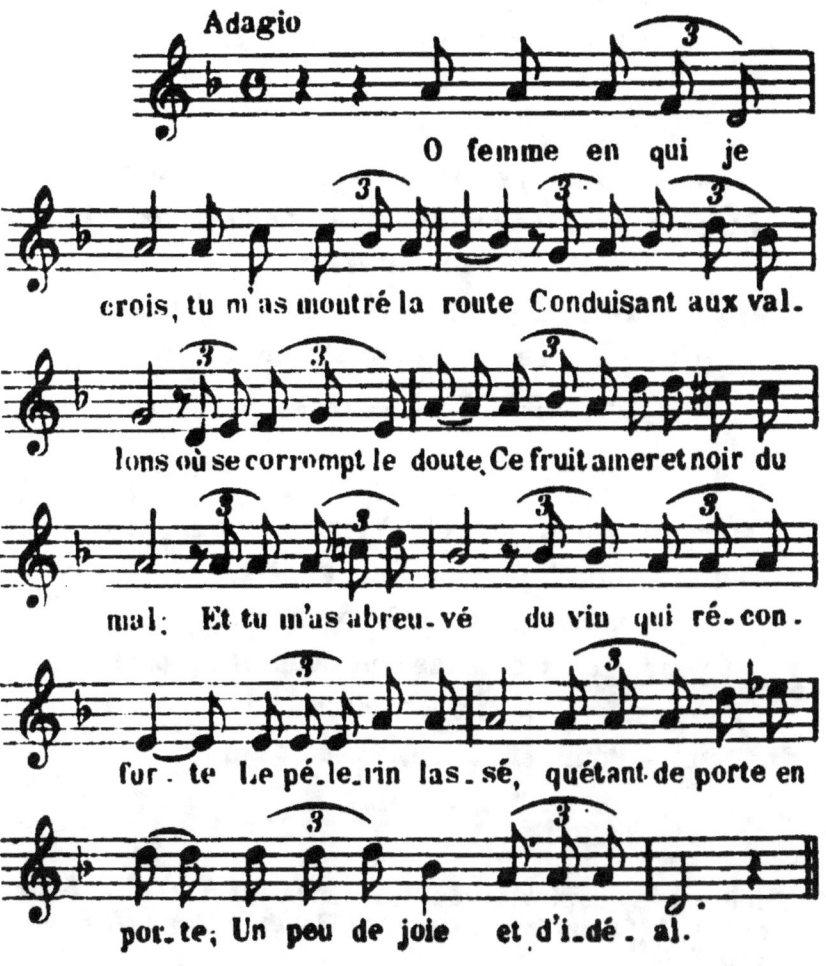

O femme en qui je crois, tu m'as montré la route Conduisant aux vallons où se corrompt le doute, Ce fruit amer et noir du mal; Et tu m'as abreu-vé du vin qui ré-con-for-te Le pé-le-rin las-sé, quêtant de porte en por-te; Un peu de joie et d'i-dé-al.

O femme en qui je crois, tu m'as montré la route
Conduisant aux vallons où se corrompt le doute
    Ce fruit amer et noir du mal,
Et tu m'as abreuvé du vin qui réconforte
Le pèlerin lassé, quêtant de porte en porte
    Un peu de joie et d'idéal.

O femme en qui j'ai foi, tu m'as ouvert le temple
Où sans cesse, depuis, je m'incline et contemple
    L'ostensoir des illusions,
Où sans cesse depuis, je feuillette le livre
Renfermant le secret d'éternellement vivre
    En de magiques fictions.

O femme en qui je crois, ô femme en qui j'espère,
Tu m'as initié, prêtresse de lumière,
    A tous les rites du bonheur.
Et pour que l'avenir me soit doux et propice
Tu m'as, pour talisman, fait don de ton caprice,
    Pour reliquaire, de ton cœur !

Publiée avec l'autorisation de Sandoz-Jobin et Cie, éditeurs à Neuchâtel (Suisse), et 28, rue de Bondy à Paris (*Cantiques de tendresse*).

ESPÉRANCE

*A mon ami le prince Nicolas GALITZINE
en affectueux souvenir.*

ESPÉRANCE

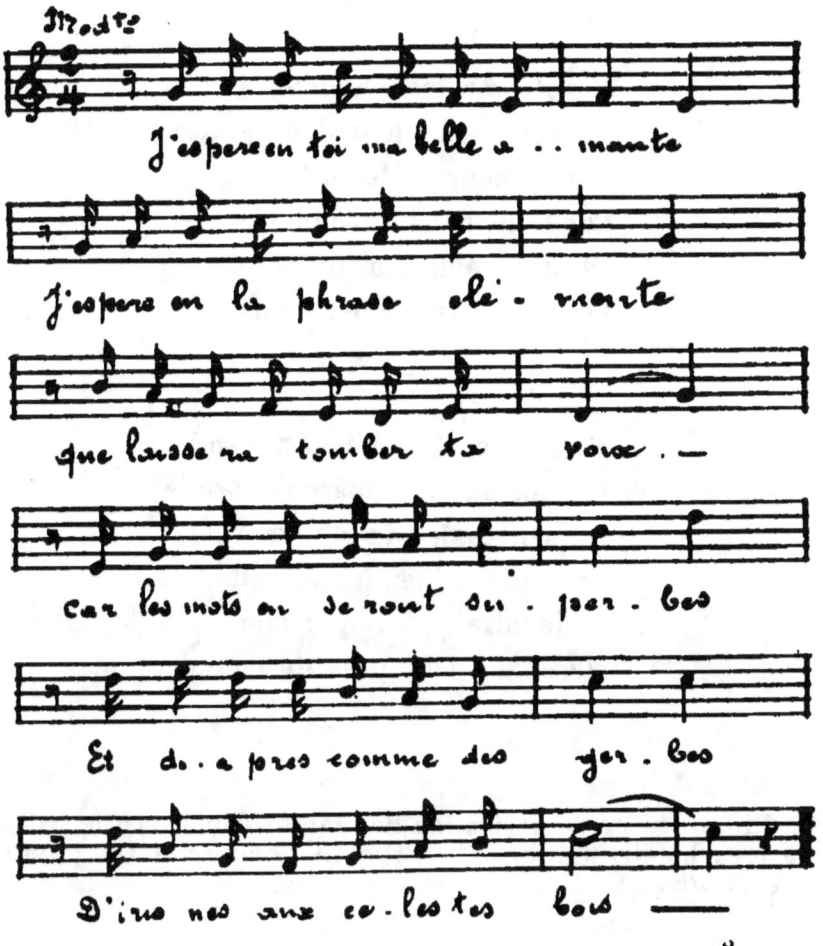

J'espère en toi, ma belle amante,
J'espère en la phrase clémente
Que laissera tomber ta voix,
Car les mots en seront superbes
Et diaprés comme des gerbes
D'iris nés aux célestes bois.

J'espère en toi, ma douce aimée,
J'espère en la flamme enfermée
Par l'amour en tes jolis yeux,
Car la lueur en sera claire
Et pure comme la lumière
D'un soleil exilé des cieux.

J'espère en toi, ma sainte amie,
Comme en la chimère endormie
Au sanctuaire de ton cœur.
La chimère étendra son aile,
Et je fuirai, porté par elle,
Vers l'au-delà, près du bonheur !

Publiée avec l'autorisation de Sandoz-Jobin et Cie, éditeurs à Neuchâtel (Suisse), et 28, rue de Bondy à Paris (*Cantiques de Tendresse*).

ESPÉRER C'EST CHANTER...

A mon ami François DELLEVAUX, affectueusement.

ESPÉRER C'EST CHANTER...

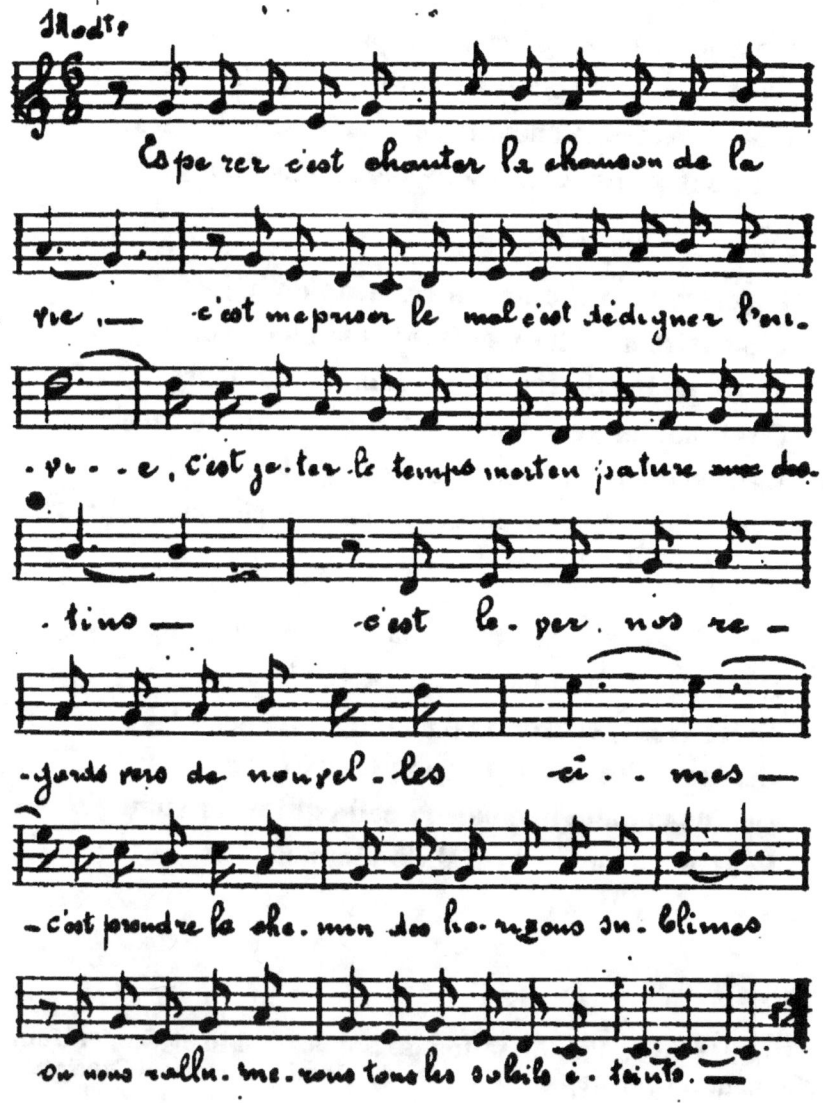

Espérer, c'est chanter la chanson de la vie,
C'est mépriser le mal, c'est dédaigner l'envie,
C'est jeter le temps mort en pâture aux destins,
C'est lever nos regards vers de nouvelles cimes,
C'est prendre le chemin des horizons sublimes
Où nous rallumerons tous les soleils éteints.

Espérer, c'est chanter la chanson de la joie,
C'est faire au temps présent une facile voie
Toute pleine de ris, de parfums et de fleurs,
C'est monter vers l'azur, c'est atteindre le rêve,
C'est gagner les sommets où la gaîté se lève
Pour chasser les brouillards de nos vieilles douleurs.

Espérer, c'est chanter la chanson de la gloire,
C'est offrir au baiser futur de la victoire
Notre front, couronné d'amour et de fierté !
Espérer, c'est créer le somptueux poème
Que nous dicte le cœur de celle qui nous aime
Pour nous ouvrir le ciel de l'immortalité !

Publiée avec l'autorisation de Sandoz-Jobin et Cie, éditeurs à Neuchâtel (Suisse), et 28, rue de Bondy à Paris (*Cantiques de Tendresse*).

AIMER

A mon ami Louis LUMET, affectueusement.

AIMER

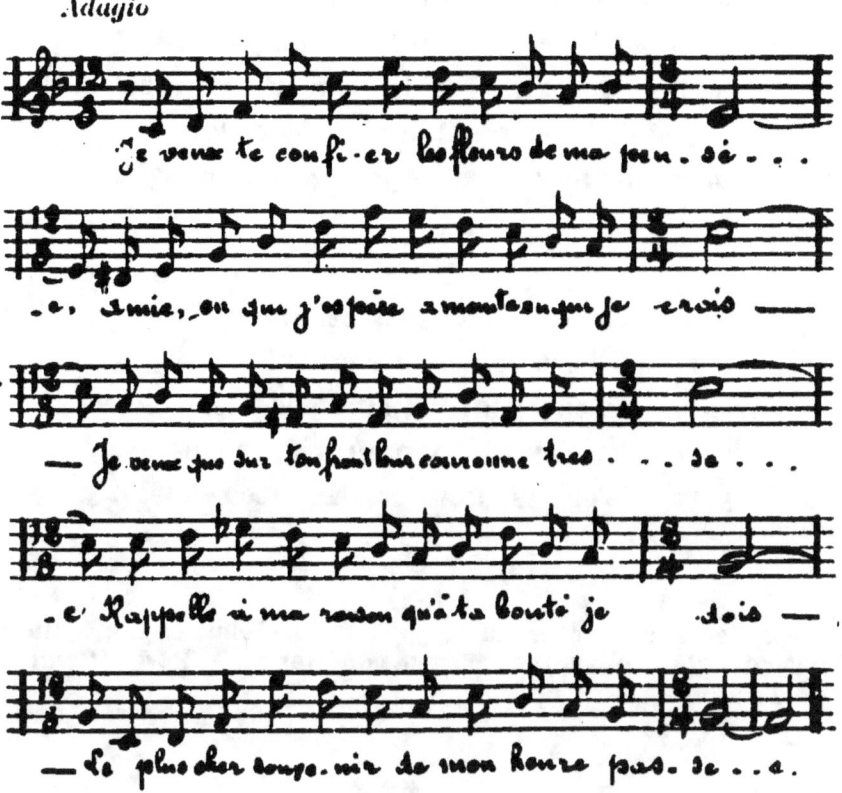

Je veux te confier les fleurs de ma pensée,
Amie en qui j'espère, amante en qui je crois.
Je veux que sur ton front leur couronne tressée
Rappelle à ma raison qu'à ta bonté je dois
Le plus cher souvenir de mon heure passée.

Je veux te confier le livre de mon âme
Amie en qui j'espère, amante en qui j'ai foi.
Je veux qu'en chants sacrés, mon désir y proclame
Que la loi de l'amour est la plus douce loi
Qui fasse incliner l'homme aux genoux de la femme

Je veux te confier toutes mes destinées
Amie en qui j'espère, amante en qui je crois.
Je veux, me souvenant toujours des joies données,
Je veux qu'en l'avenir, ô maîtresse, tu sois
Le port où s'en viendront échouer mes années.

Publiée avec l'autorisation de Sandoz-Jobin et Cie, éditeurs à Neuchâtel (Suisse), et 28, rue de Bondy à Paris (*Cantiques de Tendresse*).

SI TU ME FAIS PLEURER...

SI TU ME FAIS PLEURER...

A Monsieur Maurice FAURE, en respectueux souvenir.

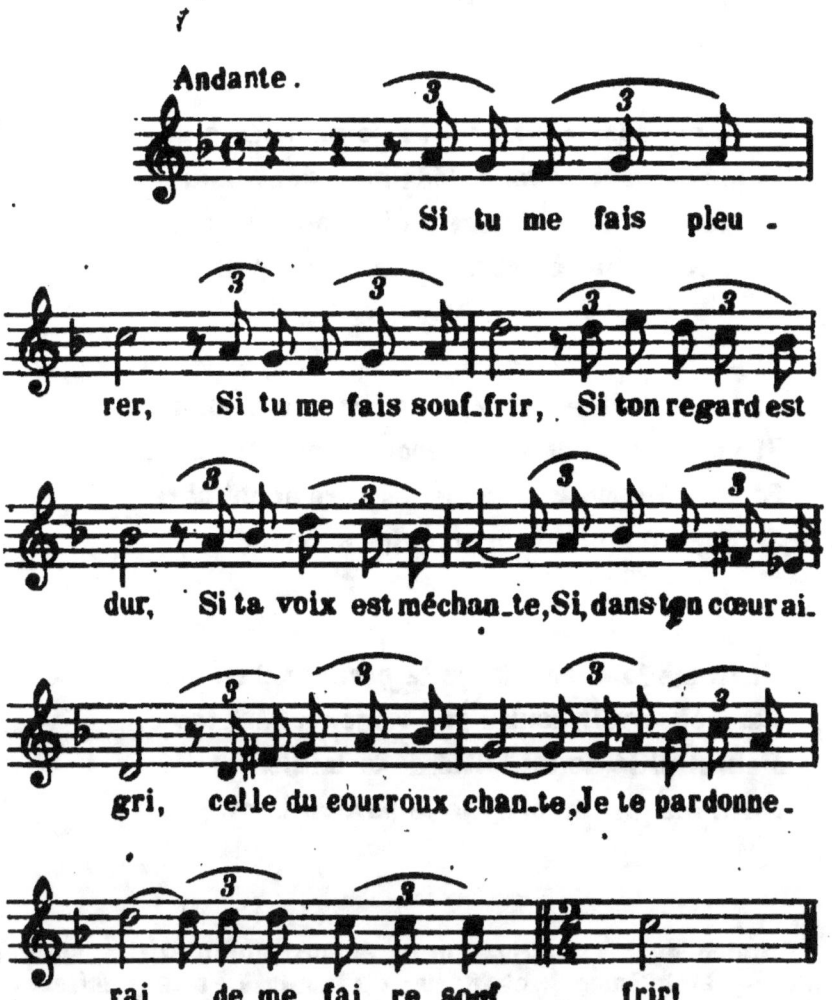

Si tu me fais pleurer, si tu me fais souffrir,
Si ton regard est dur, si ta voix est méchante,
Si dans ton cœur aigri celle du courroux chante.
Je te pardonnerai de me faire souffrir.

Si tu me fais souffrir, si tu ne m'aimes plus,
Si ma douleur te rend dédaigneuse et hautaine,
Si ton amour se change en implacable haine,
Je te pardonnerai, chère, de n'aimer plus.

Si tu ne m'aimes plus, si tu me fais mourir,
Si ton cœur sans pitié repousse mes prières,
Si tu m'enlèves tout, vie, espoirs et chimères,
Je te pardonnerai de me faire mourir.

Si tu me fais mourir, je te pardonnerai,
Car pour avoir connu par toi joie et tristesse,
J'aurai pitié de toi, pitié de ta faiblesse,
Si tu me fais mourir, je te pardonnerai.

Publiée avec l'autorisation de Sandoz-Jobin et Cie, éditeurs à Neuchâtel (Suisse), et 28, rue de Bondy à Paris (*Cantiques de Tendresse*).

PARDONNER

HEURES DE CALME

A mon ami Henri LARDANCHET, affectueusement.

PARDONNER

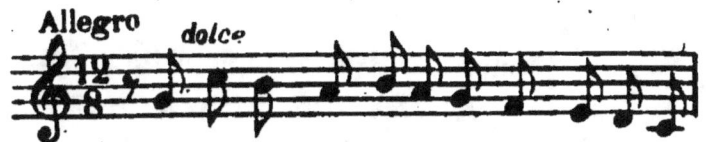

Pardonner, c'est jeter le grain pur de l'ou-

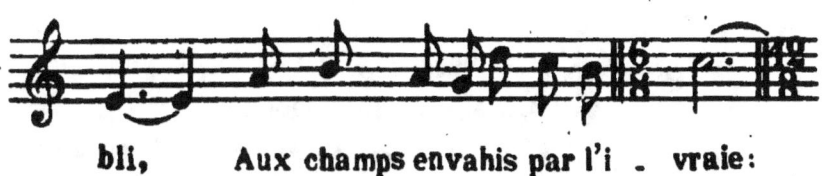

bli,   Aux champs envahis par l'i _ vraie:

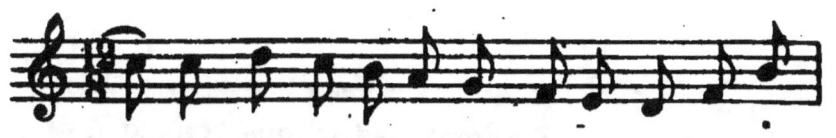

C'est met_tre le cou_rage en un cœur af_fai_

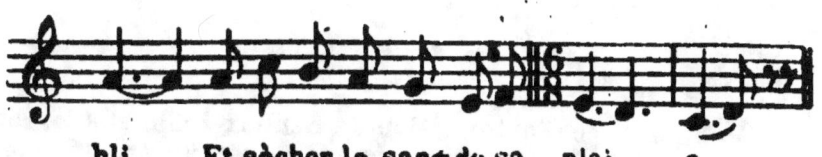

bli,   Et sécher le sang de sa   plai   e._

Pardonner, c'est semer le grain pur de l'oubli
 Aux champs envahis par l'ivraie ;
C'est mettre le courage en un cœur affaibli
 Et sécher le sang de sa plaie.

Pardonner, c'est semer la fleur de la bonté
 Dans les chemins couverts de pierres ;
C'est replacer la vie en un cœur dévasté
 Et l'égayer par des lumières.

Pardonner, c'est verser le vin de la douceur
 Sur les âmes endolories ;
C'est chasser la détresse et son chant obsesseur
 Des consciences assombries.

Pardonner, c'est verser l'eau lustrale du bien
 Sur le front meurtri que l'on aime ;
C'est régénérer l'âme, où ne vibre plus rien,
 Par le don d'un nouveau baptême !

Publiée avec l'autorisation de Sandoz-Jobin et Cie, éditeurs à Neuchâtel (Suisse), et 28, rue de Bondy à Paris (*Cantiques de Tendresse*).

LA DOULEUR EST DOUCE

A mon ami Gabriel MONTOYA, en cordial souvenir.

LA DOULEUR EST DOUCE

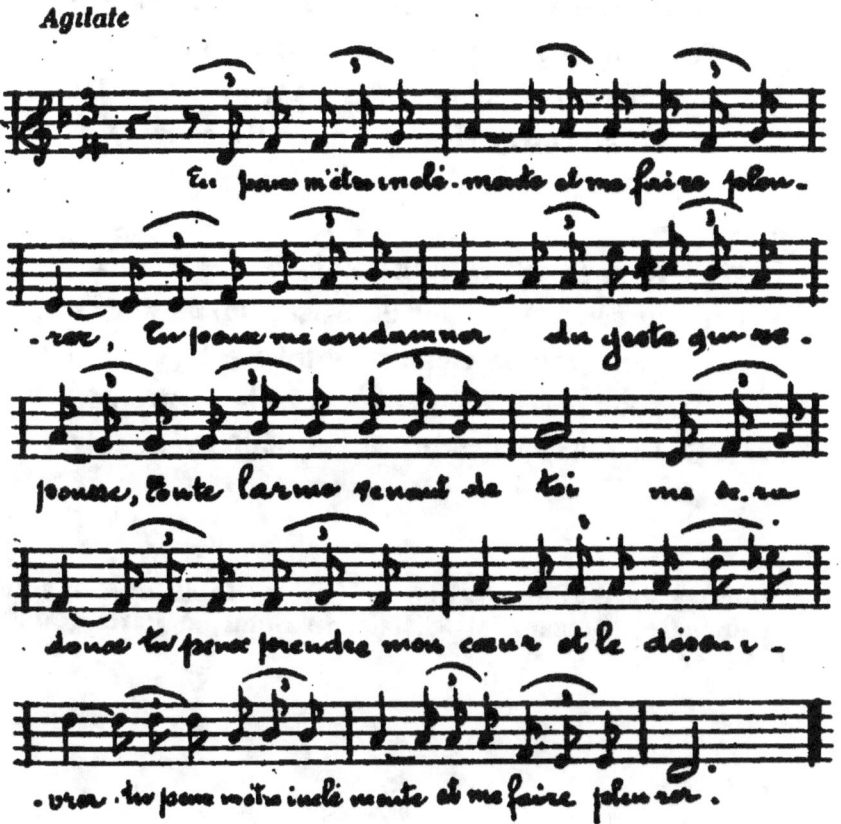

Tu peux m'être inclémente et me faire pleurer,
Tu peux me condamner du geste qui repousse :
Toute larme venant de toi me sera douce !
Tu peux prendre mon cœur et le désenivrer,
Tu peux m'être inclémente et me faire pleurer.

Tu peux m'être cruelle et me faire souffrir,
Tu peux me condamner du mot qui désespère :
Toute douleur venant de toi me sera chère !
Tu peux faire saigner mon cœur et le meurtrir,
Tu peux m'être cruelle et me faire souffrir.

Et tu peux m'être injuste et me faire mourir,
Et tu peux me priver du baiser qui pardonne :
La mort qui me viendra de toi me sera bonne !
Tu peux briser mon cœur et ne le point guérir,
Et tu peux m'être injuste et me faire mourir.

Publiée avec l'autorisation de Sandoz-Jobin et Cie, éditeurs à Neuchâtel (Suisse), et 28, rue de Bondy à Paris (*Cantiques de Tendresse*).

ENCHANTEMENT

*A mes amis Paul et Romain ALLÉON,
en cordial hommage.*

ENCHANTEMENT

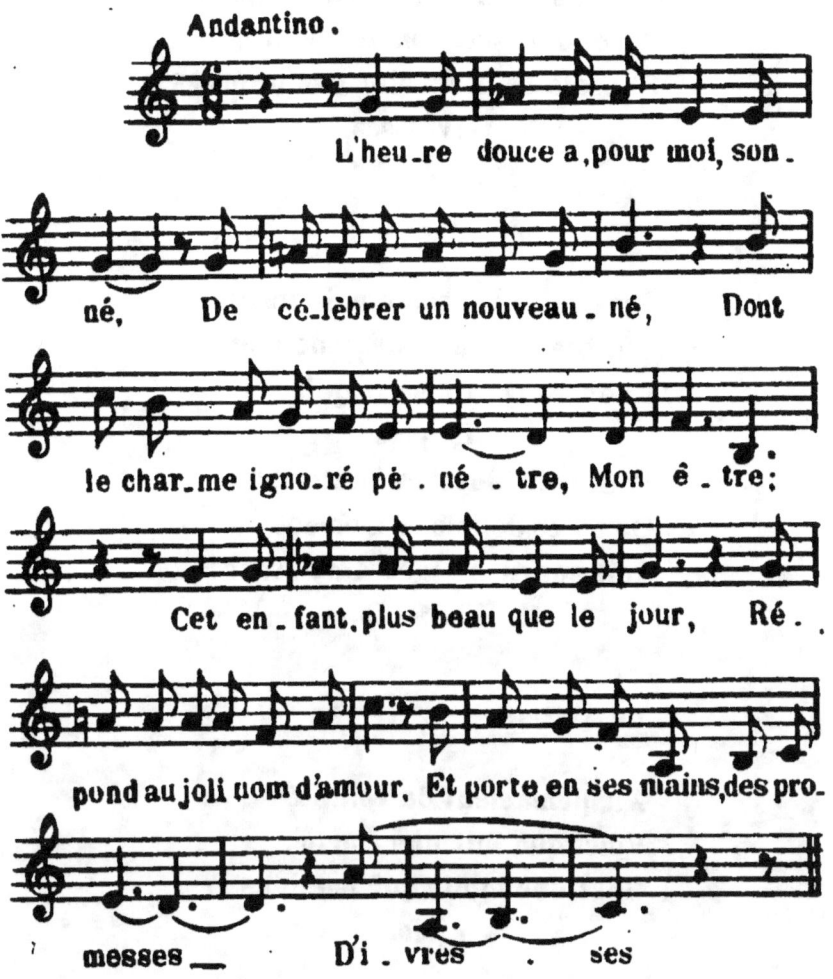

Andantino.

L'heu_re douce a, pour moi, son_né, De cé_lèbrer un nouveau_né, Dont le char_me igno_ré pé_nè_tre, Mon ê_tre; Cet en_fant, plus beau que le jour, Ré_pond au joli nom d'amour, Et porte, en ses mains, des pro_messes __ D'i_vres_ses

L'heure douce a pour moi sonné.
De célébrer un nouveau-né
Dont le charme ignoré pénètre
    Mon être.
Cet enfant, plus beau que le jour,
Répond au joli nom d'amour
Et porte en ses mains des promesses
    D'ivresses.

Béni soit cet amour vainqueur
Qui prend pour asile mon cœur
Et de sa cantilène exquise
    Le grise.
Béni soit tout l'enchantement
Qu'en ce délicieux moment
Fait surgir en mon âme ardente
    L'attente.

Au firmament de volupté
Voici que luit une clarté :
C'est une étoile qui flamboie,
    La joie.

O mon âme, prends ton essor,
Dérobe ce talisman d'or,
Afin que jamais ne s'achève
Mon rêve !

La Chanson de France, éditeur, Paris.

LES NUAGES

A M. et Mme Laurent TAILHADE,
en affectueux souvenir.

LES NUAGES

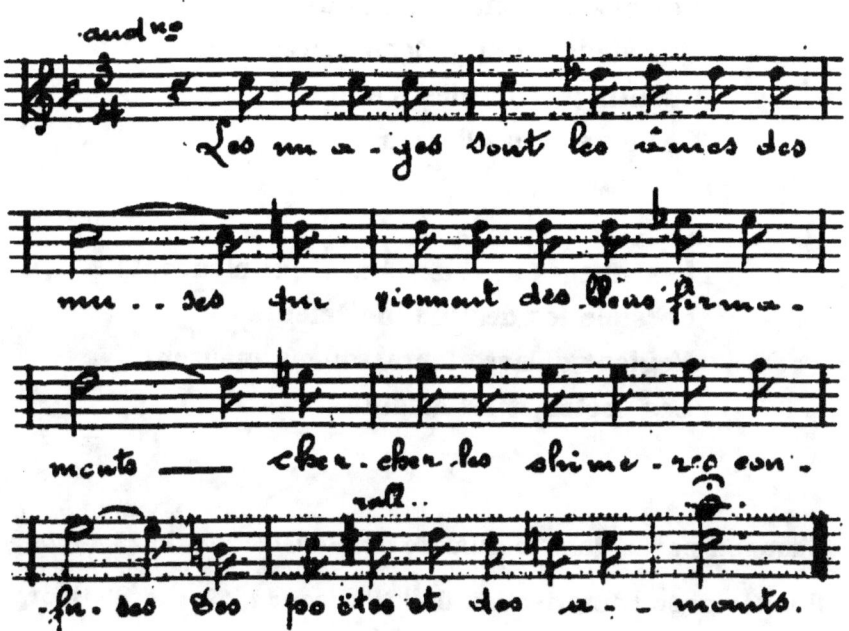

Les nuages sont les âmes des muses
Qui viennent des bleus firmaments
Chercher les chimères confuses
Des poètes et des amants.

Les nuages sont les âmes des fées
Qui descendent des cieux lointains
Pour s'édifier des trophées
Avec les rêves incertains.

Les nuages sont les âmes des saintes
Qui viennent des édens sacrés
Cueillir les inutiles plaintes
Des fous et des désespérés.

Les nuages sont des âmes qui pleurent
Lorsque les destins incléments
Veulent qu'avec leurs songes meurent
Les poètes et les amants.

Chanson parue dans le numéro de l'*Illustration* du 22 août 1906.

Publiée avec l'autorisation de l'*Illustration*, 22, rue St-Georges, Paris.

VALSE SUPPLIANTE

A mon vieil et cher ami Martial BOYER, en affectueux souvenir.

VALSE SUPPLIANTE

En collaboration avec RAOUL de MONTALENT

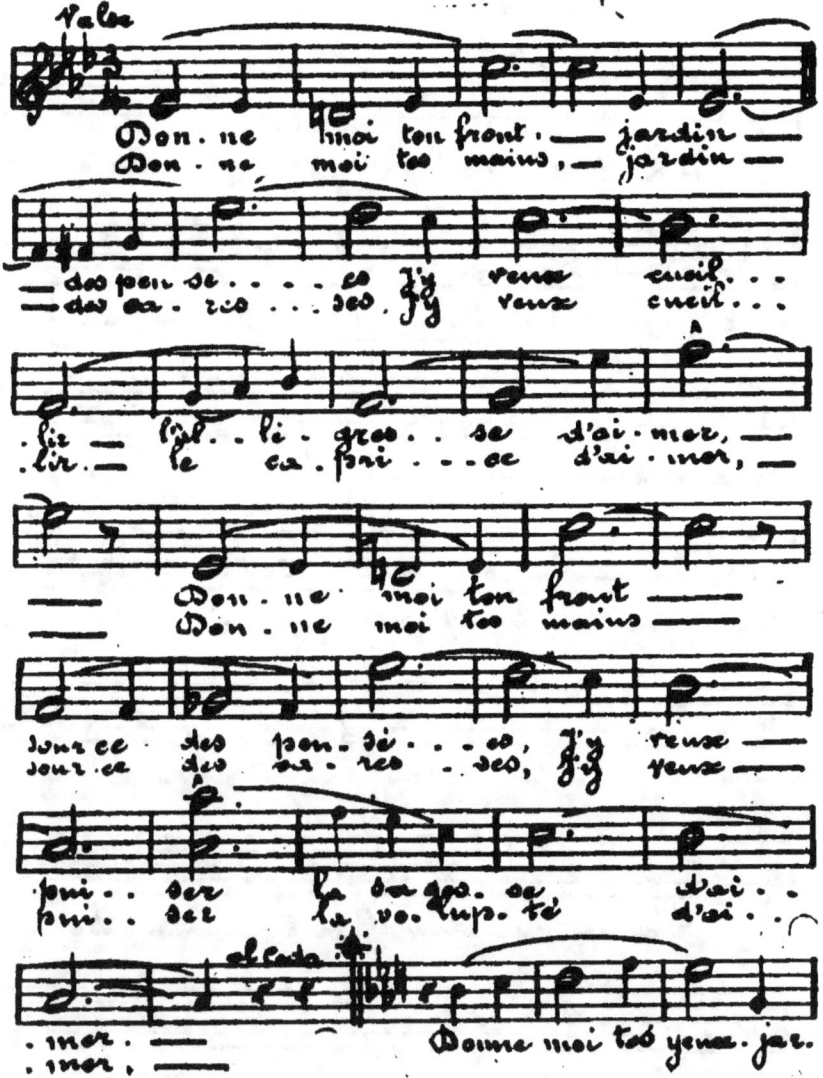

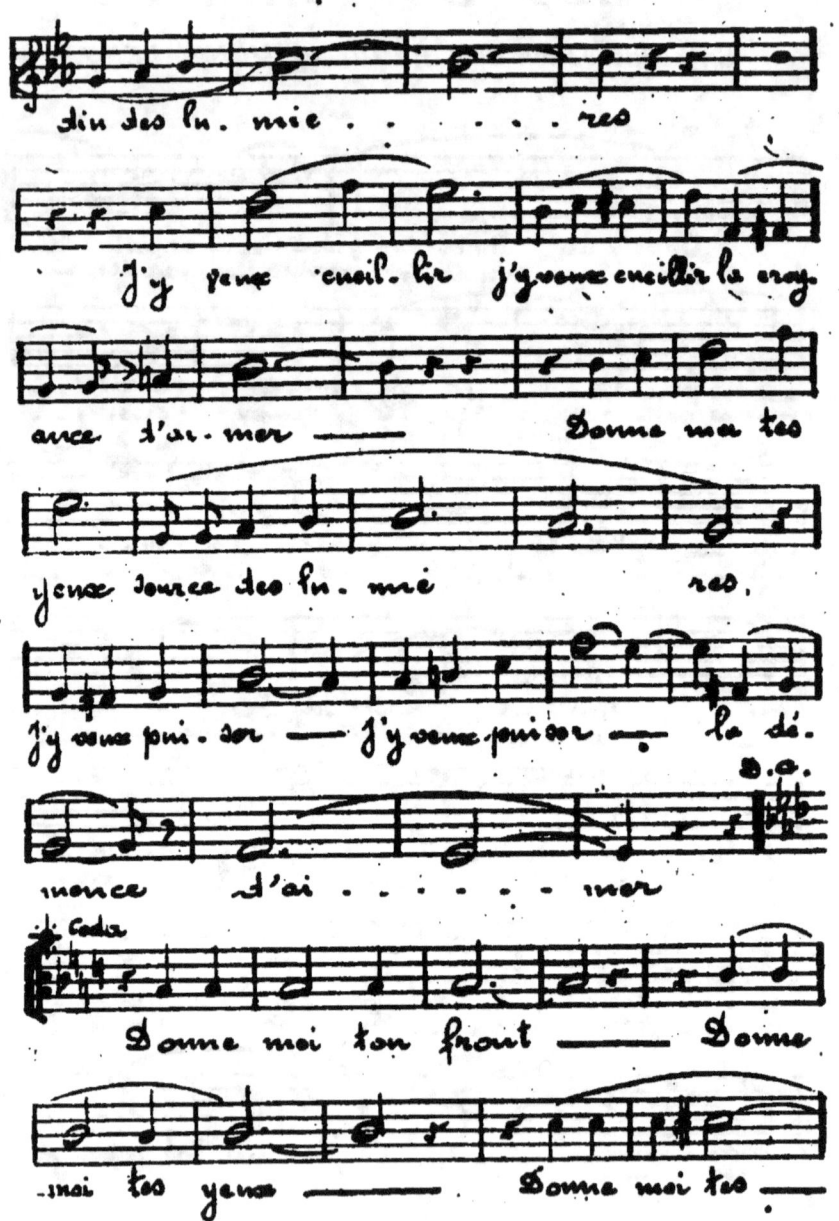

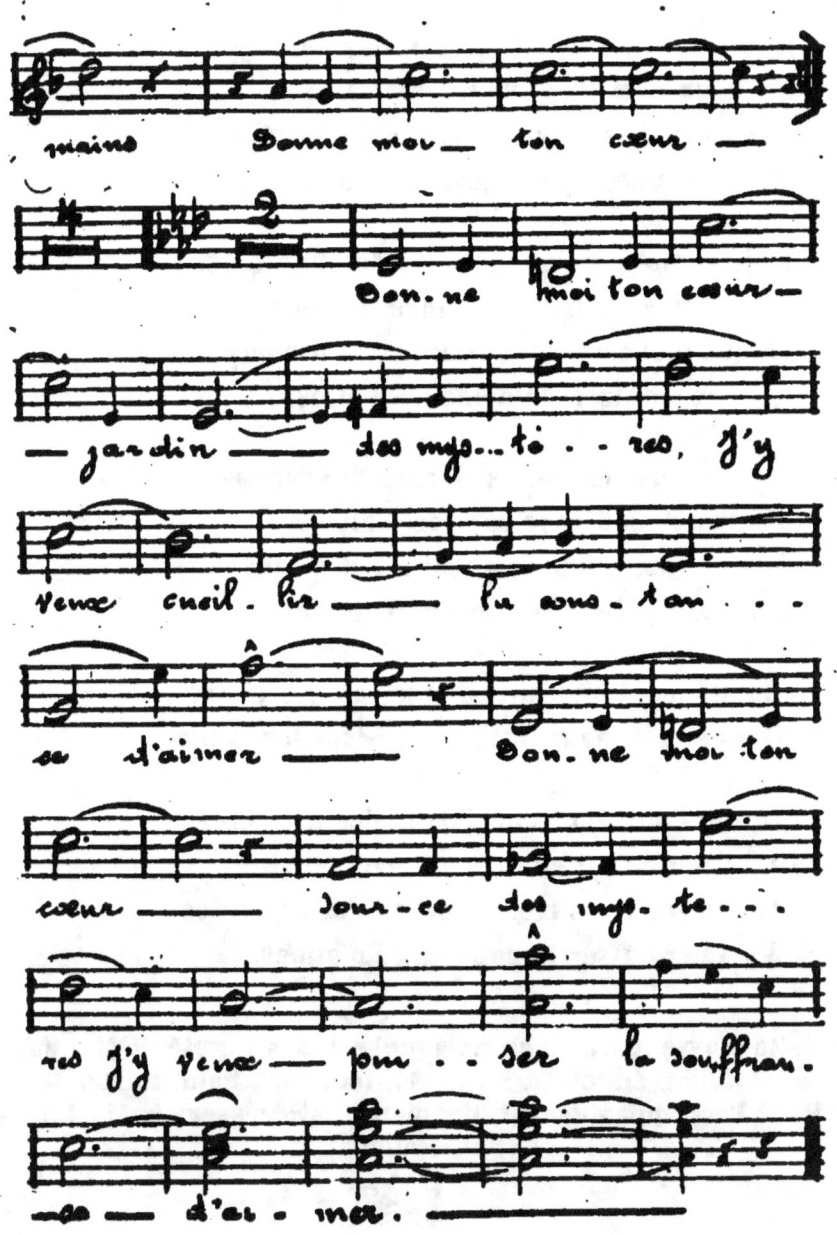

Donne-moi ton front, jardin des pensées,
J'y veux cueillir l'allégresse d'aimer.
Donne-moi ton front, source des pensées.
J'y veux puiser la sagesse d'aimer.

Donne-moi tes yeux, jardin des lumières,
J'y veux cueillir la croyance d'aimer.
Donne-moi tes yeux, source des lumières,
J'y veux puiser la démence d'aimer.

Donne-moi tes mains, jardin des caresses,
J'y veux cueillir le caprice d'aimer.
Donne-moi tes mains, source des caresses,
J'y veux puiser la volupté d'aimer.

Donne-moi ton front, donne-moi tes yeux,
Donne-moi tes mains, donne-moi ton cœur.

Donne-moi ton cœur, jardin des mystères.
J'y veux cueillir la constance d'aimer.
Donne-moi ton cœur, source des mystères,
J'y veux puiser la souffrance d'aimer.

Cette œuvre (paroles et musique) est la propriété de M. Laurent Hallet, éditeur à Paris, 40, faubourg Saint-Martin.
Pour l'accompagnement de piano, s'adresser à M. Laurent Hallet.

BERCEUSE D'HIVER

BERCEUSE D'HIVER

*A ma chère amie et interprète Francine LOREE,
en affectueux souvenir.*

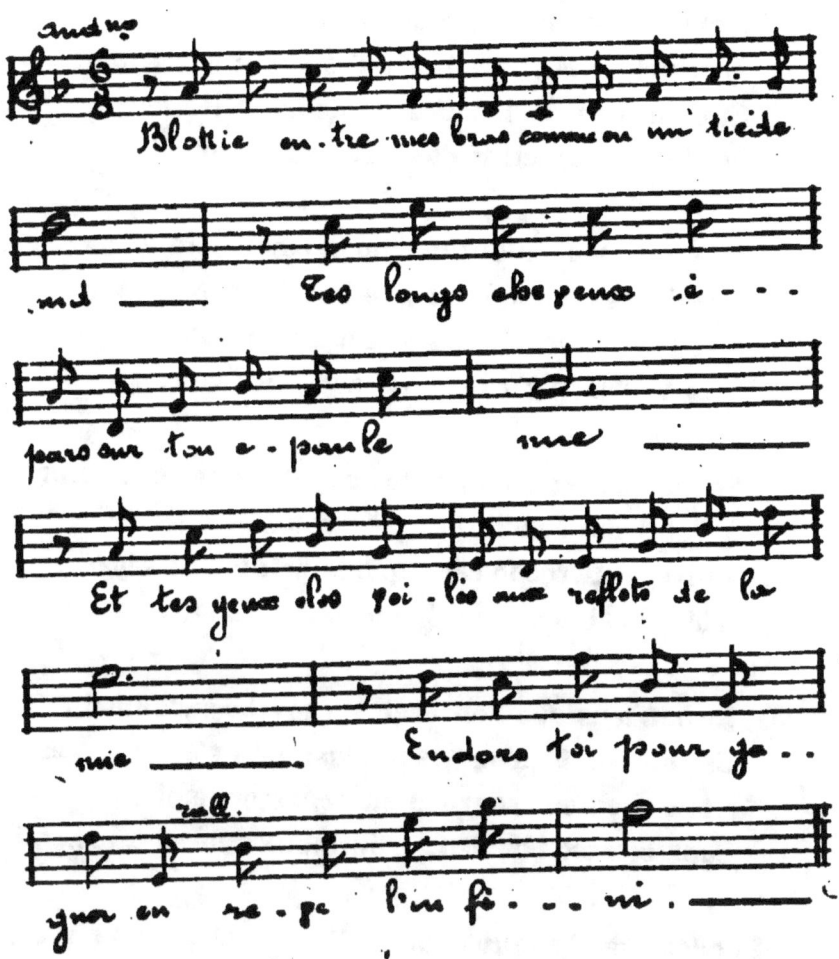

Blottie entre mes bras comme en un tiède nid,
Tes longs cheveux épars sur ton épaule nue
Et tes yeux clos voilés aux reflets de la nue,
Endors-toi pour atteindre en rêve l'infini.

L'hiver triste a chassé le souriant soleil
Pour neiger sur le sol, sur l'esprit et sur l'âme ;
Et cette trinité : l'oiseau, la fleur, la femme,
Semble se recueillir dans un égal sommeil.

Repose, mon enfant, sur mon cœur déjà vieux ;
N'es-tu pas, mon enfant, le but de mon voyage ?
N'ai-je pas modelé ton âme à mon image ?
N'as-tu pas regardé la vie avec mes yeux ?

Sommeille, et sois bercée au rythme de mon cœur,
A l'abri des soucis où le cerveau s'égare ;
L'hiver rapproche ceux que le printemps sépare,
L'hiver est la saison de l'intime bonheur.

Le bonheur que l'on croit un mythe surhumain
Est un mont qu'on gravit quand on s'aime et s'estime ;
Rêve que nous saurons en dépasser la cime
Sans blesser nos deux cœurs aux ronces du chemin !

Publiée avec l'autorisation de l'*Album Musical*, 28, rue du Mail
Paris.

CHANSON FRIVOLE

A mes amis Anne et Léon de BERCY, affectueusement.

CHANSON FRIVOLE

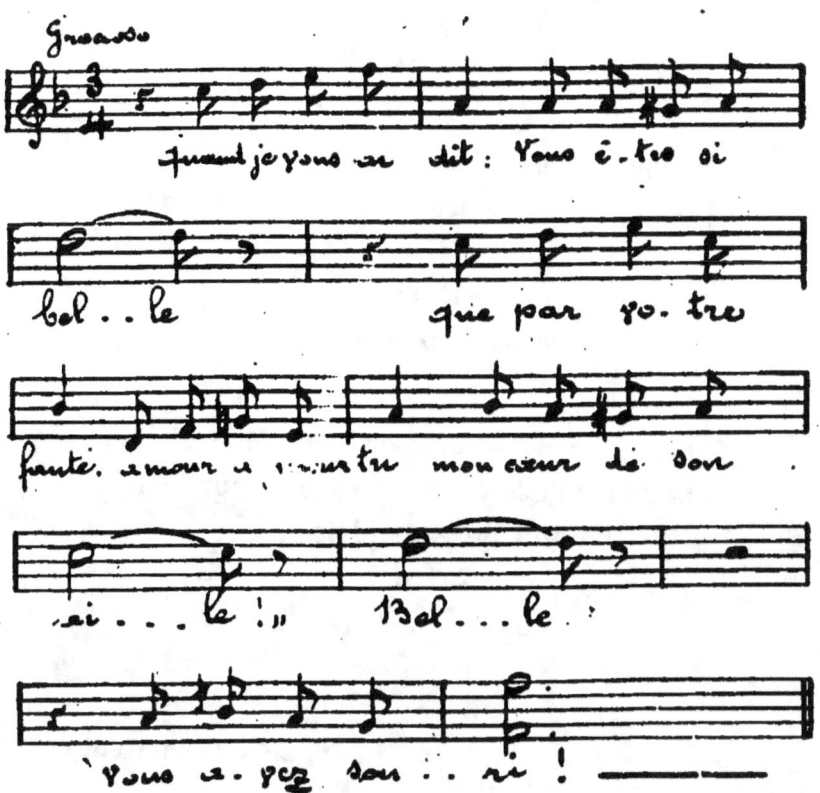

Quand je vous ai dit : « Vous êtes si belle
Que, par votre faute, Amour a meurtri
　　Mon cœur de son aile! »
　　　Belle,
　　Vous avez souri !

Quand je vous ai dit : « Vous êtes si bonne
Qu'il vous faut calmer ce cœur alarmé
　　Que l'amour vous donne! »
　　　Bonne,
　　Vous m'avez aimé !

Quand je vous ai dit : « Vous m'êtes si sainte
Qu'au jour douloureux où je vous perdrai,
　　Je mourrai sans plainte ! »
　　　Sainte,
　　Vous avez pleuré !

Quand je vous ai dit : « Vous m'êtes si chère
Qu'un seul désir reste en mon cœur vieilli,
　　Celui de vous plaire ! »
　　　Chère,
　　Vous m'avez trahi !

Publiée avec l'autorisation de M. Digoudé-Diodet, éditeur, 39, faubourg Saint-Martin, Paris.

GAGE D'AMOUR

A mon ami Maurice MÉRALL, en cordial souvenir.

GAGE D'AMOUR

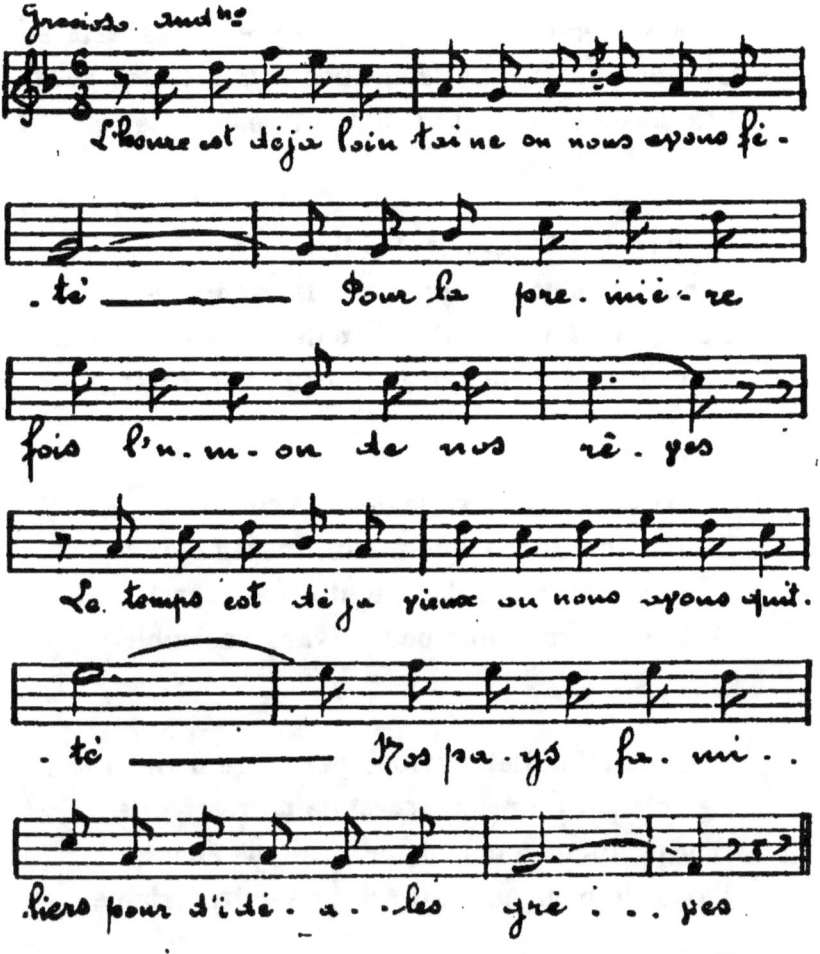

L'heure est déjà lointaine où nous avons fêté
Pour la première fois l'union de nos rêves.
Le temps est déjà vieux où nous avons quitté
Nos pays familiers pour d'idéales grèves.

Vous souvient-il du soir de nos premiers aveux,
De nos premiers effrois, de nos premières larmes,
Où quand se combattaient nos lèvres et nos yeux.
Les baisers, les regards étaient nos seules armes ?

Pour sceller tendrement le lien de nos vœux,
Je vous ai demandé de me donner en gage
Un peu de l'or vivant qui coule en vos cheveux,
Et vous m'avez donné cette boucle en partage.

Je l'ai pieusement mise dans le coffret
Où ma fidélité, chaque matin, rassemble
Tout souvenir exquis et tout cruel regret
De l'âge fortuné que nous vivons ensemble.

Près d'un feuillet d'amour par votre main tracé,
Le voici, cet anneau secret de notre chaîne.
Son parfum d'autrefois ne s'est pas effacé :
Baisez-le pour qu'il ait celui de votre haleine.

Plus vous me donnerez de vous, de votre cœur,
Plus doux seront nos ans et plus sera lointaine
L'ère fatale et triste où tout notre bonheur
S'écroulera, vaincu par le deuil et la peine.

Car des heures viendront où vous exigerez
Que je vous rende gage et lettres et paroles,
Et je vous remettrai tous ces dépôts sacrés,
De la frivolité des promesses, symboles !

En amour, voyez-vous, les gages, les serments
Sont choses aujourd'hui puériles et vaines.
Comme tout ce qui naît des humains sentiments,
Comme tout ce qui meurt des passions humaines.

Publiée avec l'autorisation de M. Digoudé-Diodet, éditeur
39, faubourg Saint-Martin, Paris.

LA SOURCE

A mon ami Antonin GUYOT, affectueusement

LA SOURCE

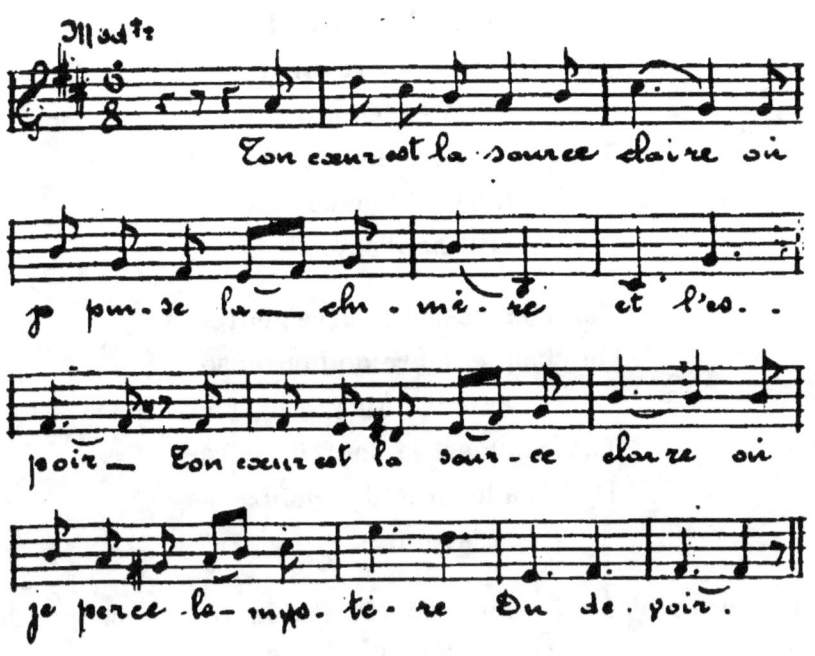

Ton cœur est la source claire
Où je puise la chimère
    Et l'espoir ;
Ton cœur est la source claire
Où je perce le mystère
    Du devoir.

Ton cœur est la source pure
Qui guérit toute blessure
    Des amours ;
Ton cœur est la source pure
Où la volupté future
    Prend son cours.

Ton cœur est la source immense
Qui renferme la croyance
    De mon cœur ;
Ton cœur est la source immense
Où je puise la science
    Du bonheur.

Ton cœur est la source heureuse
Où chaque heure douloureuse
    Vient finir ;
Ton cœur est la source heureuse
D'où coule en onde amoureuse
    L'avenir !

Publiée avec l'autorisation de M. Poulalion, éditeur, 39, rue des Petits-Champs, Paris.

FEUX FOLLETS

*A mon cher ami Eugène TURBERT,
en affectueux souvenir.*

FEUX FOLLETS

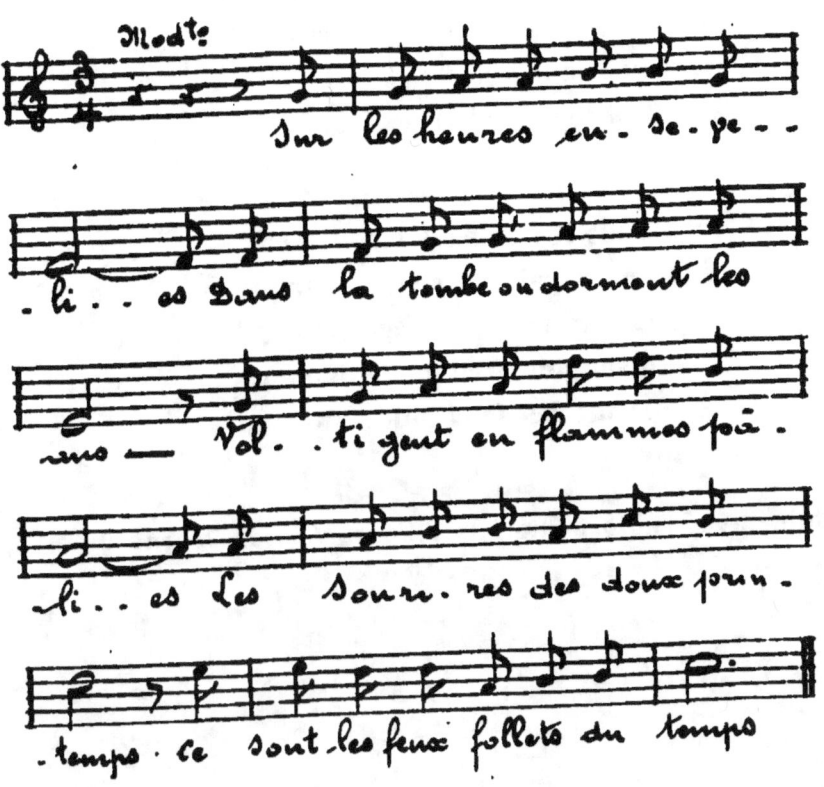

Sur les heures ensevelies
Dans la tombe où dorment les ans,
Voltigent en flammes pâlies,
Les sourires des doux printemps :
Ce sont les feux follets du temps.

Sur les ambitions laissées
Dans la fosse où tout se flétrit,
Sur les ruines des pensées
Une lueur volette et fuit :
C'est le feu follet de l'esprit.

Et sur les amours endormies
Dans la paix du néant, vainqueur
Des ouragans, des accalmies,
Luisent des reflets de douleur :
Ce sont les feux follets du cœur.

Publiée avec l'autorisation de l'*Album Musical*, 23, rue du Mail,
Paris.

COMPLIMENT

A Jenny et Joannes BARJOT, *en affectueux souvenir.*

COMPLIMENT

CHANSON ENFANTINE

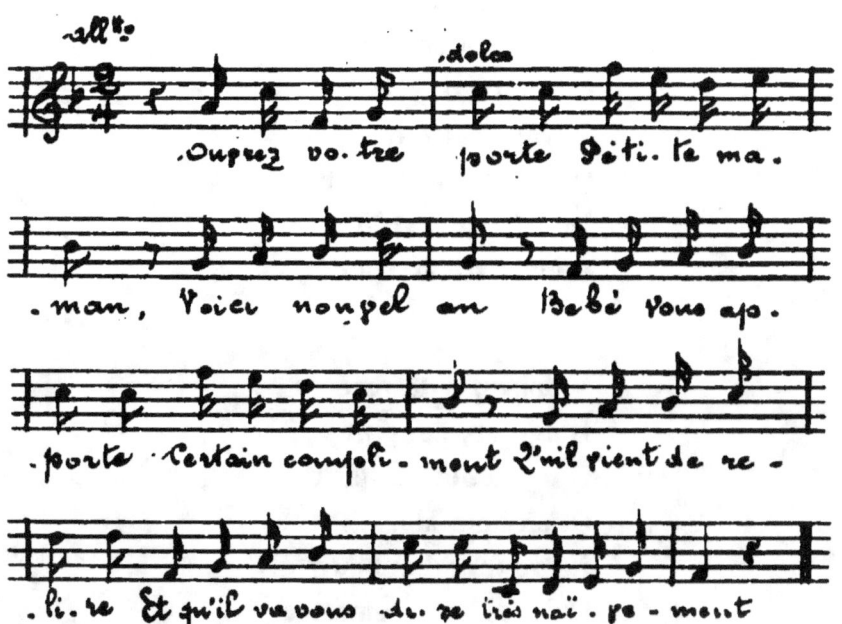

Ouvrez votre porte,
Petite maman.
Voici nouvel an,
Bébé vous apporte.
Certain compliment
Qu'il vient de relire,
Et qu'il va vous dire
Très naïvement :

Mère, elle est sonnée
Cette heure où l'on met
Son premier souhait
De nouvelle année
Devant cet autel
Que l'amour embaume
De son pur arôme :
Le cœur maternel.

Voici qu'il te prie
D'agréer, l'enfant
Qui t'honore autant
Que dame Marie,
Le vœu de bonheur
Qu'il te vient émettre,
Et doucement mettre
Au seuil de ton cœur.

Il est égoïste
Maman, quelque peu,
Je t'en fais l'aveu,
Ce vœu qui consiste
A vouloir qu'en moi,
Plus tard, on retrouve
Les trésors qu'on trouve
Enchâssés en toi.

Or, petite mère,
Si ce doux souhait
En ton honneur fait.
Devient, de chimère.
Réel triomphant ;
Il devra s'ensuivre,
Pour toi, de revivre
En ton cher enfant!

Publiée avec l'autorisation de M. Digoudé-Diodet, éditeur de musique, 39, faubourg Saint-Martin.

MAMAN

A ma chère Mère, en témoignage de respectueuse affection.

MAMAN

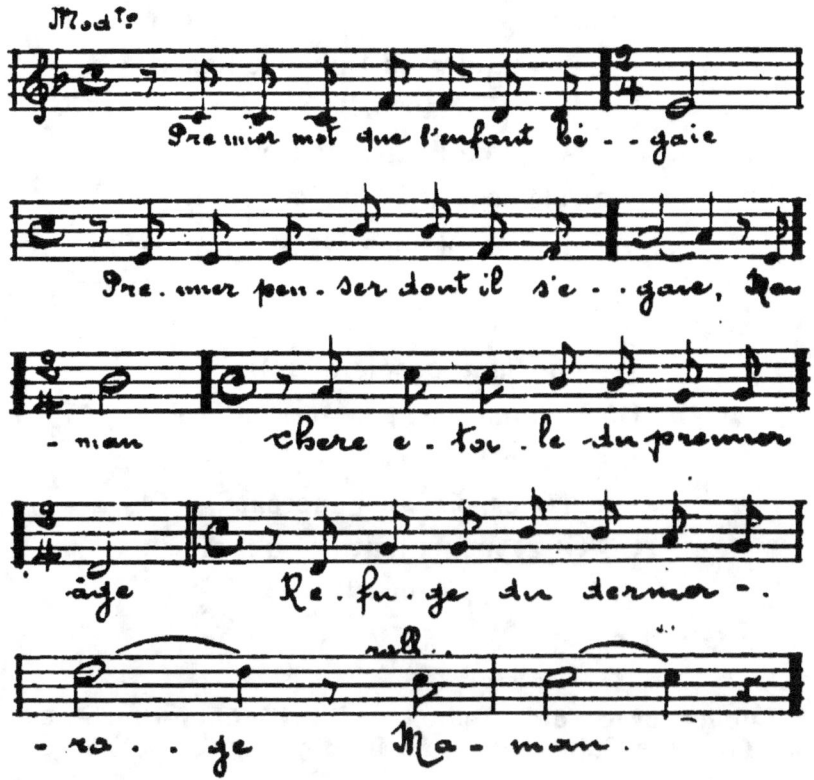

Premier mot que l'enfant bégaie,
Premier penser dont il s'égaie :
   Maman !
Chère étoile du premier âge,
Refuge du premier orage :
   Maman !

Tendre appel de l'homme qui pleure,
Mot doux qui rend l'âme meilleure :
   Maman !
Guide sûr de l'humaine route,
Juge clément que l'homme écoute :
   Maman !

Dernier mot, dernière prière,
Où l'homme met son âme entière :
   Maman !
Dernier espoir, abri suprême,
Où vit et meurt tout ce qu'il aime :
   Maman !

Publiée avec l'autorisation de M. Digoudé-Diodet, éditeur, 39, faubourg Saint-Martin, Paris.

TOAST D'AMOUR

A mon ami Eugène PARET, affectueusement

TOAST D'AMOUR

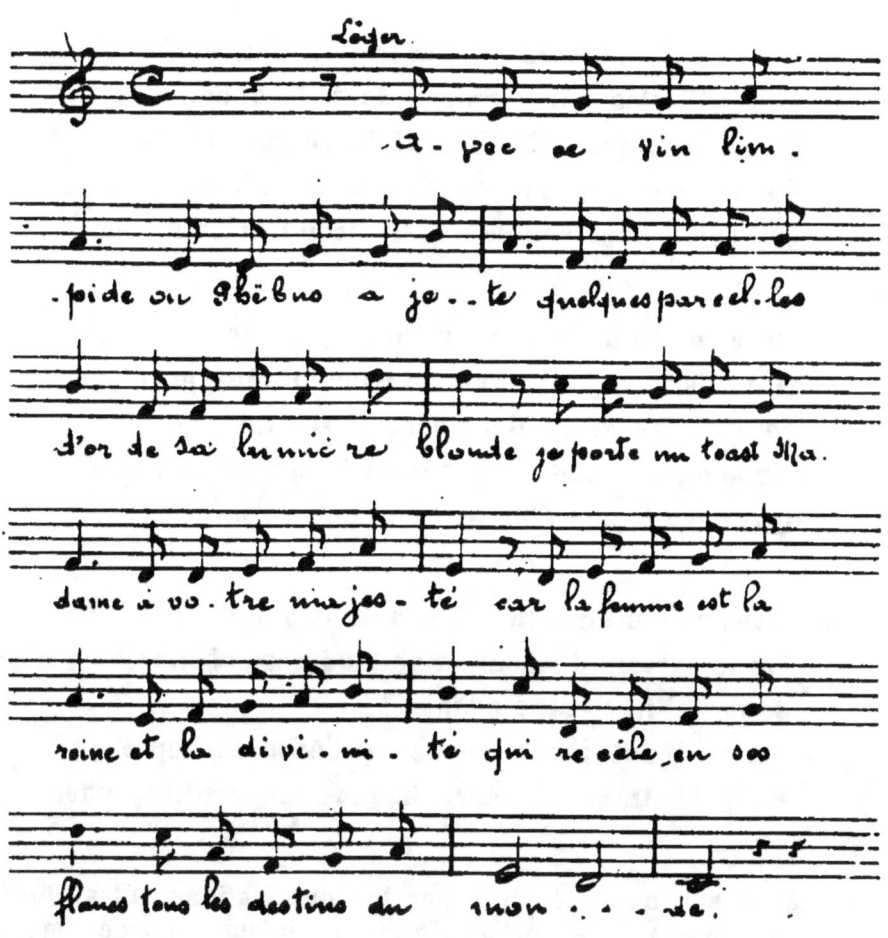

Avec ce vin limpide où Phebus a jeté
Quelques parcelles d'or de sa lumière blonde,
Je porte un toast, Madame, à votre majesté ;
Car la femme est la reine et la divinité
Qui recèle en ses flancs tous les destins du monde.

Avec ce vin puissant que la terre a lesté
Des paillettes d'or pur de sa force féconde,
Je porte un toast, Madame, à votre pureté ;
Car la femme est la source auguste de beauté
Qui cache dans son sein les merveilles du monde.

Avec ce vin de rêve où les nuits de l'été
Ont mis tous les secrets de leur douceur profonde,
Je porte un toast, Madame, à la réalité,
En songeant que la femme est le sphinx de bonté
Qui dévoile aux élus les mystères du monde.

Avec ce vin magique où chante la gaîté
Où le parfum d'amour et de tendresse abonde,
Je porte un toast, Madame, à votre sainteté,
En songeant que la femme est l'éden enchanté
En qui naît, vit et meurt chaque bonheur du monde.

Cette chanson a été éditée par les publications Jules Rouff et Cie, dans la collection du *Théâtre pour tous*. Prix de chaque chanson, paroles et musique : 1 franc.

NUIT D'ÉTÉ

A Georges d'ESPARBÈS, en affectueux hommage.

NUIT D'ÉTÉ

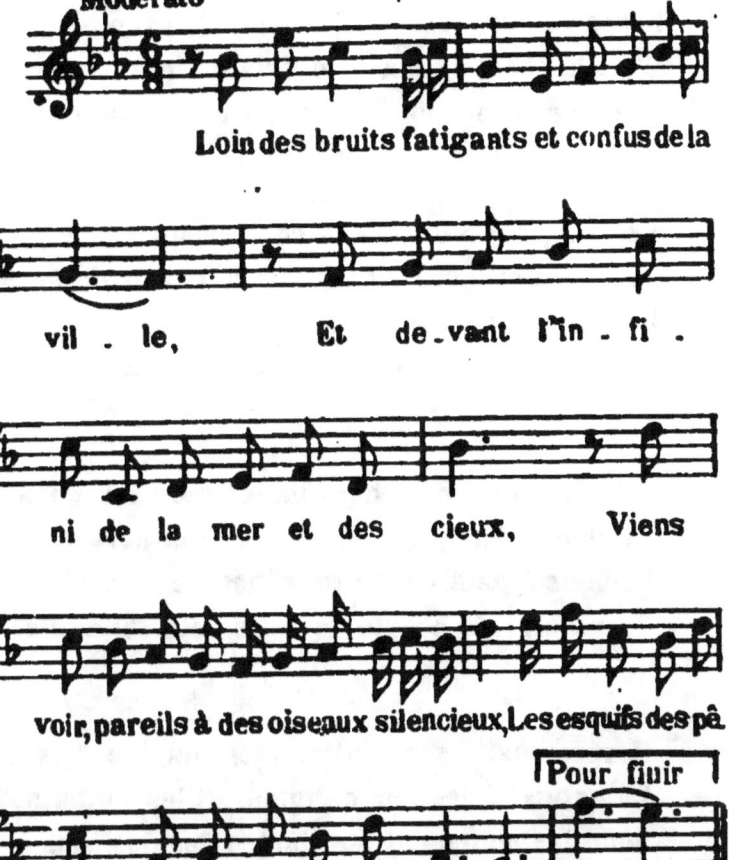

Loin des bruits fatigants et confus de la ville
Et devant l'infini de la mer et des cieux,
Viens voir, pareils à des oiseaux silencieux,
Les esquifs des pêcheurs raser l'onde tranquille.

Il fait nuit, tout est calme ; une douce musique
Berce amoureusement la nature au repos.
C'est le chœur à deux voix de la brise et des flots
Qui monte vers la nue, en plainte mélodique.

La lune, poursuivant sa route coutumière,
Trace un sillon d'argent sur le miroir de l'eau.
Et voici que s'ajoute au musical duo
Le féerique apparat d'un duo de lumière.

Sieds-toi sur ce rocher que baigne l'eau dormante,
Et, dans la majesté mystique de la nuit,
Parlons à demi-voix : tout insolite bruit
Troublerait la beauté de cette paix calmante.

Respectons le sommeil mystérieux des choses.
La nature a des lois qu'ignorent les humains.
Soumis docilement aux forces des destins,
Admirons les effets sans rechercher les causes.

Rêvons, insoucieux de l'infini mystère,
Et, dans l'apaisement de cette nuit d'été,
Que l'amour soit pour nous la seule vérité
Digne d'être enseignée aux élus de la terre.

L'amour, chimère d'or sans cesse poursuivie,
Est la seule qu'atteigne un cœur plein d'idéal.
L'amour, source du bien, l'amour, source du mal,
Est l'auguste secret justifiant la vie.

   Cette chanson a été éditée par les publications Jules Rouff et Cie dans la collection du *Théâtre pour tous* Prix de chaque chanson, paroles et musique : 1 franc.

PETITE OFFRANDE

*A ma chère amie et interprète NOELE BOURBON,
en affecteux souvenir.*

PETITE OFFRANDE

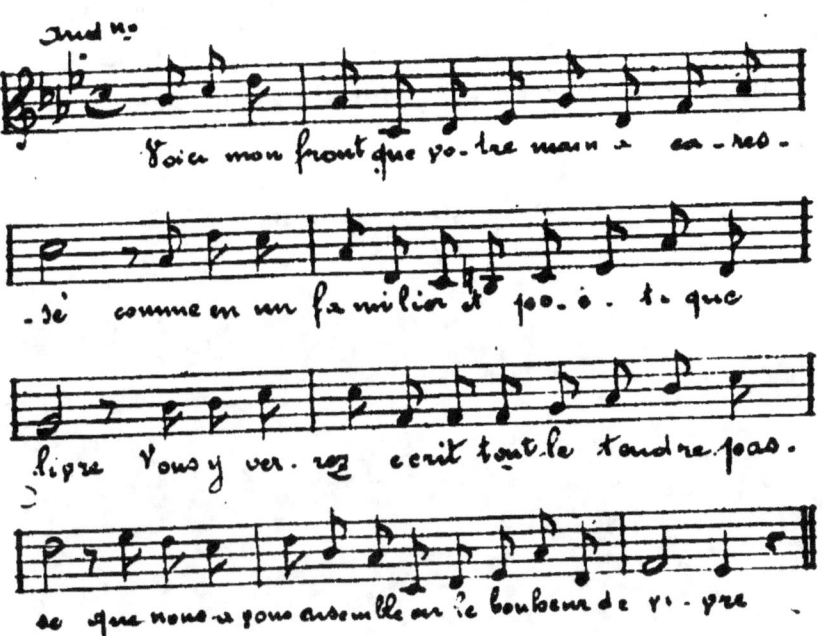

Voici mon front que votre main a caressé :
Comme en un familier et poétique livre,
Vous y verrez écrit tout le tendre passé
Que nous avons ensemble eu le bonheur de vivre.

Et puis voici mes yeux par les vôtres charmés :
Comme en un miroir clair où se plaît une image,
Vous y découvrirez à jamais imprimés
Les traits harmonieux de votre cher visage.

Enfin voici mon âme où vous avez semé
Tous les trésors fleuris de votre cœur de femme :
Comme en un frais jardin, aux importuns fermés,
Vous y retrouverez les parfums de votre âme.

Propriété de l'auteur.

BERCEUSE D'ÉTÉ

*A Mme Jeanne VALERY-HERMAY,
en affectueux hommage.*

BERCEUSE D'ÉTÉ

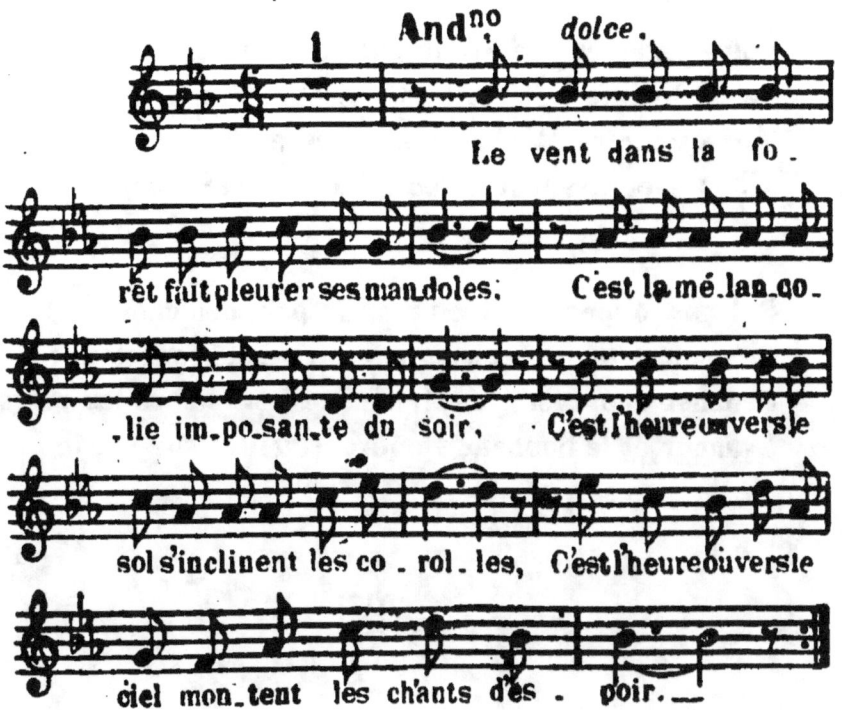

Le vent dans la forêt fait pleurer ses mandoles; C'est la mélancolie imposante du soir. C'est l'heure où vers le sol s'inclinent les corolles, C'est l'heure où vers le ciel montent les chants d'espoir.

Le vent dans la forêt fait pleurer ses mandoles.
C'est la mélancolie imposante du soir.
C'est l'heure où vers le sol s'inclinent les corolles,
C'est l'heure où vers le ciel montent les chants d'espoir.

Mollement étendue au pied moussu d'un chêne,
Et tout près d'une source aux poétiques eaux,
Écoutez la chanson que dit cette fontaine
Sur le rythme idéal des flûtes des roseaux.

Votre esprit enivré par la pure harmonie
De cet hymne d'été va fuir vers l'irréel ;
Votre cœur va planer dans la nue infinie
Après avoir franchi le seuil d'un nouveau ciel.

Dormez, ô mon enfant, parmi la paix des choses :
Aux cœurs jeunes et bons les soirs d'été sont doux ;
Penchez-vous vers le sol, comme vos sœurs les roses,
L'amour et le bonheur viendront veiller sur vous.

MADRIGAL PRINTANIER

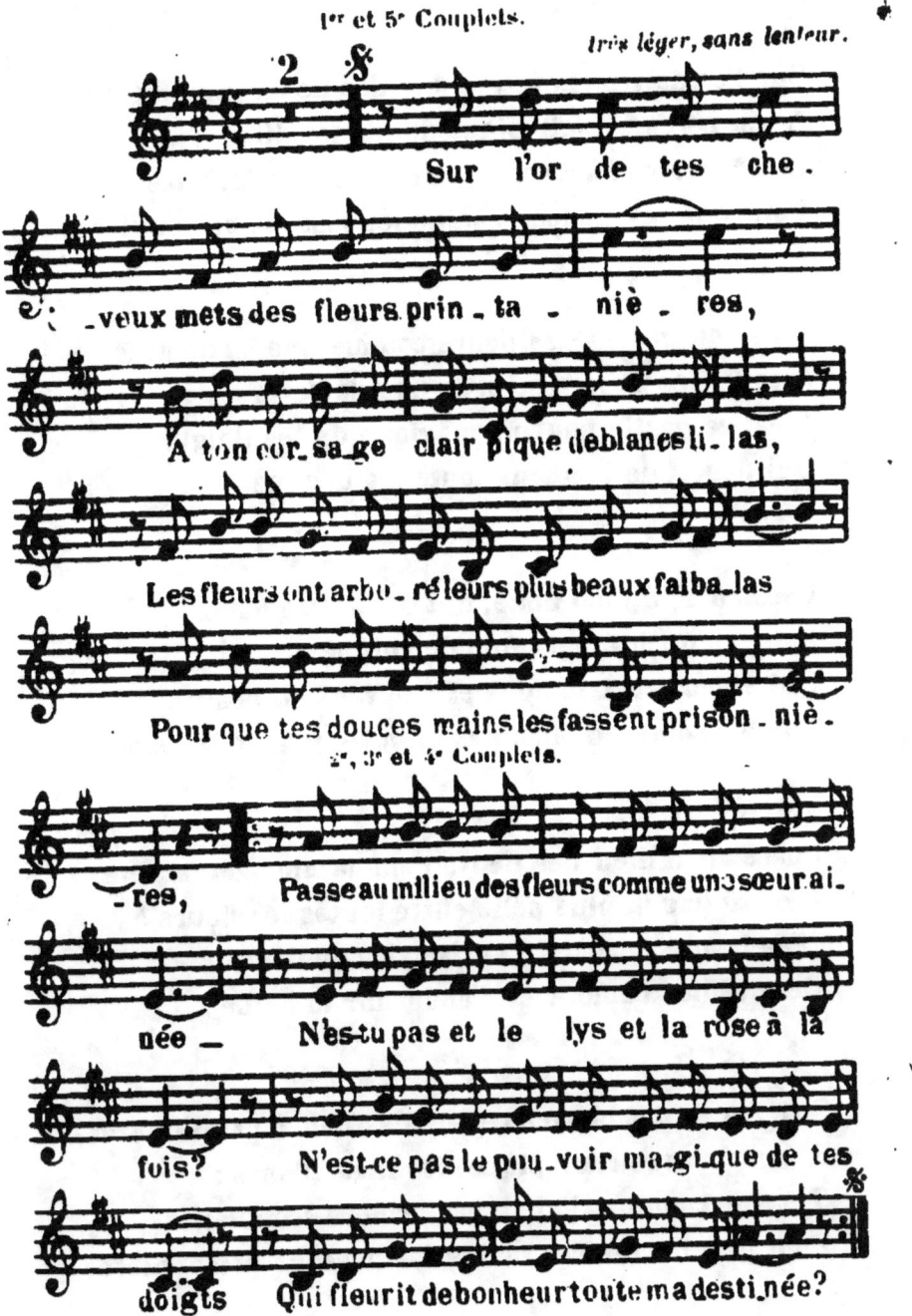

Sur l'or de tes cheveux mets des fleurs printanières,
A ton corsage clair pique de blancs lilas.
Les fleurs ont arboré leurs plus beaux falbalas,
Pour que tes douces mains les fassent prisonnières.

Passe au milieu des fleurs comme une sœur aînée.
N'es-tu pas et la rose et le lis à la fois?
N'est-ce pas le pouvoir magique de tes doigts
Qui fleurit de bonheur toute ma destinée?

Les fleurs, ô mon amie, ont de petites âmes
Faites d'un idéal parfum de volupté,
Qui vivent en triomphe et meurent en beauté,
Sur les seins en émoi des blondes jeunes femmes.

Passe au milieu des fleurs comme une souveraine.
N'es-tu pas la plus belle entre toutes les fleurs?
N'as-tu pas la vertu d'apaiser les douleurs,
De réveiller l'amour et d'endormir la haine?

Sur l'or de tes cheveux mets des fleurs printanières,
A ton corsage clair pique des lilas blancs :
Tes sœurs ont exhalé leurs aromes troublants
Pour que tes douces mains les fassent prisonnières.

Pantomimes

SOMMEIL BLANC

Pantomime de XAVIER PRIVAS

Musique de LOUIS AUVEY

Représentée à la Bodinière

Colombine. — BLANCHE CAVELLI
Pierrot. — GEORGES WAGUE

Propriété des auteurs.

A mes amis Christiane MENDELYS *et Georges* WAGUE,
en affectueux souvenir.

SOMMEIL BLANC

ARGUMENT

Personnages { COLOMBINE. PIERROT. }

La scène représente un coin de bois.
A droite, une guinguette.

SCÈNE I

A travers les sentiers fleuris
Et fleurant thym ou marjolaine,
Quelle fée exquise promène
Sa beauté, sa grâce et ses ris?
C'est la prêtresse des mystères
D'amour,
Qui, par les sentes solitaires,
S'en vient saluer, au lever du jour,
Les roses ses sœurs, les oiseaux ses frères.

C'est la délicieuse et capricieuse Colombine qui, parée de jeunesse, de charme et de séduction, sourit au Printemps, ce messager des joies voluptueuses, dont les effluves ensorceleurs exacerbent ses sens et les grisent.

> Parmi les chemins parfumés
> Où tous les oiselets, charmés
> Par la voix de la jouvencelle,
> Se sont tus, pour n'entendre qu'elle.
> Voyez cet indiscret galant
> Qui la suit de près, d'un pas lent,
> L'air tantôt gai, tantôt dolent.
> C'est le chevalier de la fantaisie,
> Le frère des lys et des cygnes blancs,
> Qui, le cœur rempli de désirs troublants,
> Les veut exprimer par des mots brûlants
> A l'amante qu'il a choisie !

C'est Pierrot, le gentil rêveur lunaire, qui, féru d'amour pour Colombine, l'épie, la poursuit, l'atteint et tombe à ses pieds pour lui déclarer sa flamme.

> Insensible à la voix douce
> Du pâle et subtil amant,
> La coquette rudement
> Le repousse,
> Et, craignant qu'en ce tournois
> Il ne prenne l'offensive,
> Elle s'esquive
> Dans le bois.

SCÈNE II

Colombine s'est blottie derrière un buisson de roses.

Cachée aux yeux de Pierrot, elle attend que ce dernier se soit engagé dans les profondeurs du taillis pour réapparaître sautillante, narquoise et fière d'avoir joué le galantin présomptueux.

Sûre d'être tranquille et de respirer à l'aise, car Pierrot est déjà loin, elle se dirige vers un banc de mousse, s'assied, et fouille dans sa trousse pour y prendre sa broderie et un portrait. C'est le portrait de celui qu'elle aime, car la friponne que laissent froide les propos enflammés du pauvre Pierrot, n'est point indifférente aux madrigaux d'Arlequin.

Dévotement elle baise l'image et, lorsqu'elle lève ses yeux tout illuminés des feux multiples de la passion amoureuse, elle aperçoit Pierrot qui revient, désolé de l'insuccès de ses recherches.

Elle se sauve après avoir remis dans sa trousse la broderie et le portrait.

Désespéré de n'avoir pas trouvé la rebelle, Pierrot part dans une nouvelle direction à la conquête de ce joli rêve qu'il veut saisir : Colombine.

SCÈNE III

Colombine, dissimulée derrière un arbre, avance prudemment sa tête pour voir Pierrot s'éloigner.

Enfin la voilà débarrassée de cet importun !
Elle s'assied et se dispose à travailler.
Une fauvette, par son gazouillis, la distrait.
Le chant de l'oiseau cesse.

   Sur sa robe qu'elle retrousse
   Élégamment, elle fait choir
   Les petits trésors de sa trousse :
   Aiguille, écheveau, dévidoir.
   Et, cependant quelle histoire
   Le tissu de sa broderie,
   Son esprit vogue en liberté
   Sur les flots du lac enchanté
    De la rêverie.
   Et voici baissés ses longs cils,
   Et voici ses paupières closes,
   Adieu les aiguilles, les fils,
   Colombe dort parmi les roses.

SCÈNE IV

Pierrot qui, durant le sommeil de Colombine, a traversé le bois sans la voir, revient plus triste et plus découragé.

Soudain, il aperçoit la cruelle. Ébloui par l'ensorcelante beauté de l'endormie, il s'agenouille loin d'elle, pour ne pas troubler son repos, et, discrètement, timidement, sans gestes, lui redit son amour, ses désirs, ses rêves.

Mais comment faire partager cet amour à Colombine?

Va-t-il la bâillonner, l'emporter dans le bois et lui faire violence?

Horreur!

Et les gendarmes?

Et la prison?

Et la pendaison?

Est-il fou?

De peur, il frissonne!

Il lui faut un moyen moins dangereux.

Il cherche... il cherche... Victoire, il a trouvé!

Il hypnotisera Colombine et la mettra en son pouvoir.

Mais, pendant qu'il se réjouit de sa trouvaille, voici que Colombine s'éveille!

Elle suit le manège de Pierrot, devine sa pensée et, feignant de dormir, se prépare à donner une leçon à l'indélicat amoureux dont elle se gausse avec discrétion.

Celui-ci cueille une branche dont il brûle l'extrémité pour la transformer en baguette d'enchantement.

Il trace autour de Colombine un cercle magique et prononce les paroles mystérieuses qui évoquent et domptent les surnaturels pouvoirs.

    A lui toutes les théories
    Des jolis gnomes des féeries,
    A lui les sylphes, les lutins,
    Et les fantasques diablotins
    De l'enfer des sorcelleries!

A lui toutes les déités
Par qui Colombine endormie
Ne restera plus l'ennemie
Insoumise à ses volontés !

Il enveloppe Colombine de passes magnétiques, s'assure du bon résultat de l'opération et, joyeusement et victorieusement, constate la puissance de son fluide.

Les passes terminées, il transmet à l'hypnotisée sa pensée et cette pensée est qu'il adore Colombine et veut en être aimé.

D'un geste rapide, il relève les paupières de la jolie fille, prend son regard, et la plonge dans l'état somnambulique.

Colombine, qui s'est levée pour suivre le doigt fascinateur de Pierrot, simule adorablement l'attitude de l'extase.

Voici Pierrot triomphant
De sentir la gente enfant
A sa volonté soumise,
Et par ce puissant vouloir
La belle est en son pouvoir,
A lui la terre promise !

Alors, il clame la force de son amour et demande :
— M'aimes-tu un peu ?
— Oui, répond la friponne !
Ivre de joie, fou de désir, il continue :

« Je suis Pierrot, prince du rêve,
« J'ai vassaux, terres et palais,

« J'ai chevaux, carrosses, laquais.
« Et mon trône doré s'élève
« En l'éden des illusions!
« J'ordonne que tu sois princesse
« Au royaume des fictions,
« Et je te donne pour richesse
« Les trésors de mes visions! »

Il s'arrête, cueille une rose et l'offre à Colombine.

Devenu plus pressant, il embrasse, dans un élan de passion, les mains, les seins et le cou de la coquette qui, lorsqu'elle devine que l'amant enhardi va baiser ses lèvres, applique sur sa joue pâle un retentissant soufflet, et s'enfuit en éclatant de rire.

SCÈNE V

D'abasourdi, Pierrot devient furieux et désespéré.

Dans un mouvement de rage, il relève la tête et voit l'enseigne du cabaret.

L'ivresse va le consoler. Il entre dans la guinguette et en sort muni de deux bouteilles et d'un verre qu'il pose sur la table.

Il débouche la première bouteille, se verse à boire, absorbe un verre, puis deux, puis trois.

Il écoute le glouglou du vin, en respire l'odeur, en exalte le goût et embrasse la bouteille, sa seule, sa fidèle amie.

Béat, il se renverse sur sa chaise.

Le souvenir de Colombine le hante. Il le chasse et se reverse à boire.

Il avale ce dernier verre d'un trait et veut boire encore. Mais la bouteille est vide et Pierrot, comme la nature, a horreur du vide.

Il se lève, titube, jette avec mépris la bouteille et se dirige vers le banc en s'efforçant de marcher droit.

A terre, il aperçoit la rose qu'il avait donnée à Colombine.

Il pense à elle et porte la rose à ses lèvres.

« Non, c'est stupide ! s'écrie-t-il. Au diable Colombine, vive le vin ! »

Il jette la fleur, la piétine et débouche la seconde bouteille.

Il la place sur le banc et réédite en son honneur la déclaration qu'il a faite à Colombine.

Il danse autour de sa nouvelle amante une ronde folle, puis tombe épuisé sur le banc et glisse à terre.

Il se relève, retombe, veut boire encore, toujours. La guinguette l'attire ; il lui tend les bras, veut y pénétrer, mais, impuissant à se conduire, il s'affale sur la chaise et se vautre sur la table.

Une vision déformée de Colombine lui apparaît ; il en rit, s'étire, s'étend et s'endort.

Le vin a triomphé de la femme !

  Et le chevalier de la fantaisie,
  Ce frère des lys et des cygnes blancs,
  Goûte, en son sommeil, aux sucs consolants
   De l'ivresse qu'il a choisie !

Dors, ami Pierrot, l'ivresse du vin
　　Vaut l'amoureuse griserie.
L'amour veut qu'on pleure et le vin qu'on rie !
Dors, car le bonheur, ce mythe divin
Vers lequel s'éteint tout effort humain,
Réside peut-être en l'alme folie
Par qui l'âme endormie oublie
　　Hier, aujourd'hui, demain !

Rideau.

LE NOEL DE COLOMBINE

Pantomime de **XAVIER PRIVAS**

Musique de Maurice PETITJEAN et BARTHÉLEMY

Propriété des auteurs.

A M. et Mme Alphonse COUTARD, en amical souvenir.

LE NOEL DE COLOMBINE[1]

ARGUMENT

Personnages
{ COLOMBINE
LA FÉE DES JOUJOUX
PIERROT
PETIT PIERROT

La Chambrette de Colombine.

Au lever du rideau, Colombine met en ordre les objets d'une crèche qu'elle a construite en l'honneur de la Noël.

Pierrot assis écrit fébrilement.

Colombine l'interrompt pour l'engager à se coucher.

Il s'y refuse prétextant un grand besoin d'argent pour les frais de leur ménage.

---

[1] Représentée pour la première fois en janvier 1901 à la Bodinière et en 1902 au théâtre des Capucines.

Colombine. — CHRISTIANE MENDELYS.
La Fée des Joujoux. — FRANCINE LORÉE.
Pierrot. — GEORGES WAGUE.
Le petit Pierrot. — DELPHIN SIRVAUX.

Colombine l'embrasse, quitte ses souliers, les montre au petit Jésus de cire, les dépose sous la cheminée, se couche et s'endort.

Pierrot est désolé d'être pauvre parce qu'il ne peut faire un cadeau à Colombine. Il contemple son amie, regarde tristement ses mignons souliers, essaye de se remettre au travail, s'étire, bâille et s'assoupit.

Une voix dans la coulisse.

Noël ! Noël, endormez-vous,
Voici la Dame des Joujoux
    Qui passe,
Ses mains sont pleines de jouets,
De fleurs, de douceurs, de hochets.
Choisis aux bazars de l'espace.
Noël ! Noël, endormez-vous !

A ce moment, la Fée des Joujoux, légère, gracieuse et souriante, pénètre dans la chambre, place une corbeille fleurie sous la cheminée et s'esquive discrètement.

Une voix dans la coulisse.

Noël ! Noël, éveillez-vous,
Voici la Dame des Joujoux
    Passée,

Ses mains sont vides de jouets,
Car, admirez sur vos chenets
L'offrande par ses soins laissée ;
Noël ! Noël, éveillez-vous !

Minuit sonne.

Pierrot s'éveille.

Il aperçoit la corbeille, se précipite vers Colombine pour la tirer du sommeil et lui faire partager son étonnement, sa peur et sa joie.

Ils placent la corbeille au milieu de la chambrette, plongent leurs mains dans ses profondeurs et en retirent des fleurs puis une petite poupée blanche qui ressemble à Pierrot.

Ils déposent sur la table le joli jouet dont ils font manœuvrer à tour de rôle les bras et les jambes.

A un moment donné, Pierrot presse le côté droit de sa poitrine, — la poupée dit : Pa-pa.

Colombine presse le côté gauche, — la poupée dit : Maman.

Délicieusement émue et profondément joyeuse, Colombine dépose un baiser sur les yeux du petit Pierrot.

A cette caresse, la poupée s'anime, ouvre les yeux, sourit et s'écrie en tendant ses bras à Pierrot : *Papa*, et en tendant son front à Colombine : *Maman*, ce mot exquis, le plus doux des joyaux que Noël puisse apporter aux mères.

Colombine remercie le petit Noël de l'avoir exaucée, cependant que des cloches lointaines célèbrent Noël.

CAPRICE D'AMANTE

Pantomime de **XAVIER PRIVAS**

Musique de Maurice PETITJEAN et BARTHÉLEMY

Propriété des auteurs.

*A ma chère amie et interprète Francine LORÉE,
en affectueux souvenir.*

CAPRICE D'AMANTE

ARGUMENT

Personnages
- Pierrot.
- Arlequin.
- Le petit Pierrot.
- Colombine.
- La Fée des Larmes.
- Des voix
  - voix de la nuit.
  - — — lune.
  - — du soir.
  - — de l'aurore.

La scène est divisée en deux parties.

A gauche, la chambrette de Colombine. A droite, un jardin.

Dans la chambre à gauche, lit et rideaux; au fond, une cheminée; à droite, porte et fenêtre sur le jardin; au milieu, une table avec flambeau allumé.

Dans le jardin : un banc sous la fenêtre, une fontaine à droite, un bosquet de roses blanches au fond.

Il fait nuit.

La lune se lève à l'horizon.

SCÈNE I

Au lever du rideau, Colombine met en ordre [...] ménage, ouvre les rideaux de son lit, se met à genoux [...] mure une prière et commence à se dévêtir pour [...] au lit.

Au moment où elle va quitter son jupon, elle [...] yeux sur sa cheminée et y aperçoit les portraits de P[...] et d'Arlequin, ses deux amoureux.

Elle explique qu'elle ne sait auquel des deux d[...] cœur.

Que faire ?

La nuit porte conseil. Je vais me coucher.

(Elle prend sa bougie et se dirige vers son lit, dont les rideaux retombent sur elle.)

SCÈNE II

Les deux rivaux, Pierrot et Arlequin, entrent.

Pierrot porte une guitare, Arlequin une mandoline.

Ils se placent, le premier devant la fenêtre, le second devant la porte, et entonnent une sérénade.

(*Dans la coulisse*) La voix du Soir.

I

Ouvre ta porte, Colombine,
A tes deux galants
   Dolents,
Qui font pleurer en accords lents.
 La guitare et la mandoline,
Pour mouiller tes longs cils tremblants.

II

Ouvre ta porte, Colombine,
A tes deux amants
   Charmants,
Que l'amour a rendus déments,
Et que ton regard s'illumine
Pour eux de doux rayonnements.

Colombine, émue et surprise, passe la tête hors des rideaux, s'approche de la fenêtre en prêtant l'oreille, et se décide à ouvrir la fenêtre.

SCÈNE III

Pierrot et Arlequin lâchent guitare et mandoline pour s'emparer chacun d'une main de la bien-aimée et l'embrasser à pleines lèvres. Colombine se dégage et leur demande ce qu'ils désirent.

— Ton cœur et ton amour, répondent-ils.
— Je ne puis les partager, répond-elle.
— Alors, dis lequel de nous tu préfères.

Colombine est indécise et troublée.

A ce moment, la lune, se dégageant d'un nuage, les éclaire.

Une idée folle germe dans le cerveau de la belle enfant.

Elle regarde la lune, contemple ses deux galants et leur dit :

— Je donnerai mon cœur à celui de vous qui m'apportera la lune. Puis, brusquement, elle ferme la fenêtre et se remet au lit.

SCÈNE IV

Déconfits, Pierrot et Arlequin se regardent, jettent les yeux sur la lune et se désolent.

Comment faire pour décrocher la lune?

C'est impossible!

Arlequin, furieux, se redresse et s'écrie : Elle veut la lune, eh bien, je vais la lui donner, j'ai mon idée! (*Il sort.*)

SCÈNE V

Pierrot, tout contrit, se laisse tomber sur le banc et pleure.

A ce moment, le bosquet de roses s'entr'ouvre et livre passage à une jeune femme, idéalement jolie, qui s'approche à pas lents de Pierrot ébloui, émerveillé.

— Quelle es tu? demande-t-il à la merveilleuse apparition.

— Écoute, répond la jeune femme. A ce moment une voix se fait entendre, qui chante ces mots :

>   Je suis la Nuit et je t'envoie
>   Une messagère de joie.
>   C'est une fée aux cheveux d'or
>   Qui recueille le doux trésor
>   Des larmes.
>   Laisse-toi vaincre par ses charmes,
>   Et donne-lui tes pleurs, ces armes
>   Par qui triomphent les amants,
>   Car les pleurs sont des diamants
>   Faits pour consteller les trophées
>   Des fées !
>   Il n'est rien, vois-tu, sur la terre
>   Qui soit plus vrai, plus beau, plus grand
>   Que les pleurs d'un cœur solitaire
>   Et les larmes d'un cœur souffrant.

La Fée des larmes s'approche de Pierrot et recueille ses pleurs dans une petite aiguière d'or.

Elle sèche les yeux de Pierrot en les baisant.

Puis, plaçant dans les mains de Pierrot l'aiguière, elle lui dit :

— Prends ce talisman.

A minuit, tu l'offriras à la lune et celle-ci te sourira.
Peut-être sera-t-elle touchée par ta douleur, et accédera-t-elle à ton désir !
Pierrot s'agenouille devant la Fée, baise sa robe et se confond en remerciements. (*La fée disparaît.*)

SCÈNE VI

Pierrot contemple le précieux dépôt que la fée lui a confié.
Il le suspend à son cou à l'aide d'une chaînette d'or et le serre précieusement sur son cœur.
Il aperçoit Arlequin et se cache.

SCÈNE VII

Arlequin entre, portant un seau de grande dimension.

Colombine veut la lune, dit-il, j'ai trouvé le moyen de la lui donner.
Il s'approche de la fontaine et remplit le seau d'eau.
Il place le seau perpendiculairement à la lune et l'on aperçoit celle-ci qui se reflète dans le récipient.
Il heurte violemment la porte de Colombine.

SCÈNE VIII

Celle-ci s'éveille en sursaut et ouvre la porte.
Arlequin lui dit: Je t'apporte la lune.

— Où est-elle ? demande l'enfant.

— Ici. Viens la prendre.

Il entraîne Colombine vers le seau et l'aide à plonger ses mains dans l'eau pour en retirer la lune.

Hélas! Colombine retire de l'eau ses mains mouillées et vides.

D'un coup de pied, elle renverse le seau et montre à Arlequin la lune qui n'a pas quitté les cieux.

Elle se moque d'Arlequin et rentre dans sa chambre dont elle ferme la porte au nez du galant dépité qui la poursuit.

Ce dernier adresse à la lune des imprécations, des menaces, des injures et sort en abandonnant son seau.

Colombine se glisse prestement dans son lit.

SCÈNE IX

On entend sonner minuit.

Pierrot apparaît muni d'une échelle et se gaussant d'Arlequin dont il a surpris le manège et la déconvenue.

Plaçant l'échelle contre le mur de la maison, il en gravit le dernier échelon au dernier coup de minuit.

Il offre à la lune ses larmes que l'aiguière renferme. La lune descend.

SCÈNE X

La lune s'entr'ouvre et laisse choir dans les bras de Pierrot un tout petit Pierrot exquisement délicat et blanc.

Un nuage voile la lune.

Muni de son précieux fardeau, Pierrot descend de l'échelle.

Il dépose le petit Pierrot sur le banc, le regarde, l'admire, l'embrasse et se livre à une manifestation d'immense joie.

Il retourne le seau et sur lui met le petit Pierrot.

— Que t'a dit pour moi notre maman la lune? lui demanda-t-il.

— Notre maman la lune m'a dit... Mais écoute la lune. Elle va te parler.

LA VOIX DE LA LUNE

J'ai dit à mon petit enfant Pierrot : « Va consoler un de mes fils qui pleure.

« Il se lamente au sujet d'une capricieuse Colombine qui me désire.

« Explique à cette fantasque amoureuse qu'il m'est impossible de quitter le Ciel, mais que je te donne à elle, toi, mon fils, pour qu'en échange elle donne à Pierrot son cœur.

« Tu prendras dans un baiser le cœur de Colombine et dans un autre baiser tu donneras ce cœur à Pierrot.

« C'est par l'enfant que se lient éternellement deux cœurs qui s'aiment. »

Pierrot dépose à terre le petit Pierrot, retourne le seau et dit à l'enfant:

— Cache-toi dans le fond et attends.

Il place le petit Pierrot dans le fond du seau, puis va cueillir des roses blanches dont il recouvre l'enfant.

Il frappe à la porte de Colombine.

SCÈNE XI

Colombine se lève, ouvre sa porte et constate que Pierrot a eu la même idée qu'Arlequin.

— Inutile, s'écrie-t-elle, je connais cette plaisanterie.

— Viens quand même, dit Pierrot. Regarde. La lune n'est plus aux cieux, elle est dans le seau.

Elle se décide à replonger ses mains dans l'eau.

O surprise ! elle en retire des fleurs et le petit Pierrot.

Ce dernier se blottit dans ses bras.

Amusée, charmée, elle caresse l'enfant.

Celui-ci dit :

« Laisse monter ton cœur jusqu'à tes lèvres et je le prendrai dans un baiser ! »

Elle se laisse embrasser sur les lèvres.

Le petit Pierrot embrasse Pierrot sur les lèvres pour lui remettre le cœur de Colombine puis il dit à Pierrot : Retourne le seau et place-moi dessus.

Alors il prend la main de Colombine et la met dans celle de Pierrot, puis il les fait mettre à genoux et les bénit.

SCÈNE XII

Arlequin survient et ce délicieux tableau l'a triste. Il tombe sur le banc et pleure.

SCÈNE XIII

La Fée des Larmes apparaît. Elle s'approche d'Arlequin et lui dit tout en séchant ses larmes :
— Écoute.
Une voix fait entendre ces mots :

>Je suis l'Aurore et je t'envoie
>Une messagère de joie
>C'est une fée aux cheveux d'or
>Qui recueille le doux trésor
>   Des larmes !
>Fais-lui l'offrande de tes pleurs
>Elle te donnera des armes
>Pour triompher de tes douleurs.
>Elle emportera ta souffrance
>En endormant ton souvenir
>Et te laissera l'espérance
>   En l'avenir !

L'aurore se montre à l'horizon.

Rideau.

LA PART DU PAUVRE

Fantaisie mimée et chantée de **XAVIER PRIVAS**

Musique de **SPARK** et **XAVIER PRIVAS**

Propriété des auteurs.

*A mon vieil et cher ami Eugène LEMERCIER,
en affectueux souvenir.*

LA PART DU PAUVRE

Personnages { PIERROT.
L'AMOUR.
COLOMBINE.

La scène représente le petit ermitage de Pierrot.

Une cabane modeste sise au milieu d'un bois.
A droite la forêt.
A gauche la hutte de Pierrot.
Porte sur laquelle se trouve cette inscription :

PIERROT, ERMITE

Pulsate et aperietur vobis.

(Frappez et il vous sera ouvert.)

Un lit de sangle, une table, deux chaises, un prie-dieu, un petit buffet, un réveille-matin.

Au-dessus du prie-dieu, une sainte image dont le personnage est de grandeur naturelle.

Au-dessus, ces mots de saint Pierre :

Pertransiit benefaciendo.

(Il a passé en faisant le bien.)

Au lever du rideau, Pierrot est agenouillé devant l'image et prie.

Il porte sur sa souquenille une robe blanche de moine et une cordelière blanche ceint ses flancs.

Un gros rosaire blanc pend à ses côtés.

Il achève sa prière, se lève et s'incline dévotement devant l'image.

Il tient à la main son livre d'heures.

Il ouvre le petit tiroir du buffet pour y placer son livre d'heures et met la main sur le portrait de Colombine.

Il le repousse pour ne point céder à la tentation de le baiser, mais son geste exprime un douloureux regret.

Il explique que l'infidèle Colombine l'a trahi avec son ami Arlequin et qu'alors, déçu dans ses espérances, ses illusions, son amour, il a pris la résolution de fuir le monde et s'est fait ermite.

Cette vie de solitude est dure, dit-il, mais il aura l'énergie et la volonté de repousser tous les désirs frivoles et tous les souvenirs légers pour racheter par la prière et la mortification ses erreurs passées.

Ses yeux se portent sur le réveille matin.

Ce dernier marque midi.

C'est l'heure de son unique repas.

Il ouvre le buffet et en tire une assiette : un couteau, un verre, une carafe remplie d'eau, un morceau de pain, un peu de fromage.

Il place le tout sur la petite table.

A ce moment le vent fait tomber quelques feuilles.

Pierrot croit qu'on a frappé.

Il ouvre sa porte.

C'est une erreur.

Alors il montre les deux inscriptions placées l'une sur la porte, l'autre au-dessus de l'image, et explique qu'en sa qualité d'ermite, il pratique la charité envers le pèlerin, le mendiant et le malade.

Mettons la *Part du Pauvre*, dit-il.

Il place sur la table un second verre, une seconde assiette et un second couteau.

Il met en place la deuxième chaise.

Il partage son pain et son fromage en deux parties égales, place la première dans l'assiette vide et commence à manger la seconde.

Il boit un demi-verre d'eau et fait quelque peu la grimace.

Tandis qu'il se réconforte, on voit déboucher de la forêt un vieux pèlerin mendiant courbé sous le poids de la fatigue et du malheur.

Il voit la hutte de Pierrot, lit l'inscription placée sur sa porte et frappe.

Pierrot ouvre.

Le malheureux demande l'aumône.

Pierrot le fait entrer, le débarrasse de son bâton, de sa besace et de sa gourde, et lui montrant le couvert mis, le fait asseoir à sa table.

— Le repas est très modeste, dit Pierrot au pauvre diable, mais il est offert de bon cœur.

Allons, mangez mon brave.

Le vieillard porte à ses lèvres un morceau de pain, essaye de boire. Las ! il n'a ni faim, ni soif !

— Eh ! quoi, vous ne mangez pas, dit Pierrot ?

— Je ne peux pas, dit le mendiant.

— C'est peut-être la fatigue, reprend Pierrot ?

— C'est le chagrin qui m'étouffe, répond le Pauvre. Mon cœur est si malade !

— Remettez-vous, mon brave, dit Pierrot,

Nous allons demander au ciel de bénir notre repas e vous verrez que l'appétit vous reviendra après cette prière.

Pierrot s'agenouille sur son prie-dieu et le mendiant se prosterne.

Pendant l'oraison de Pierrot, la sainte image et l'inscription disparaissent pour faire place à une vision où Colombine apparaît pleurant sur la photographie et les lettres de Pierrot.

Pierrot lève son visage et voit l'apparition.

Ébloui, émerveillé, il se retourne vers le pèlerin ; mais

celui-ci a rejeté sa défroque et sa barbe et se montre sous
les traits de l'*Amour*.

L'Amour Chante :

> Je suis l'Amour, par toi blessé
> Car ton froid dédain a glacé
> Mes ailes.
> J'ai franchi mont, val et chemin
> Afin d'implorer de ta main
> Un baume réchauffant pour elles.

> Et s'adoucira ma douleur
> Si tu me donnes ta chaleur,
> Ta flamme,
> Et si mon geste suppliant
> Obtient en part de mendiant
> La douce aumône de ton âme.

> Vois comme en son logis désert
> L'amante, qui tant a souffert,
> Sanglotte,
> Vois combien son remords est grand

(Colombine déchire le portrait d'Arlequin)

Vas-tu rester indifférent
A l'appel de sa main dévote ?

(*Colombine appelle Pierrot.*)

Allons, Pierrot, sois généreux.
Ramène en ce cœur douloureux
    La joie !
Et fais le signe du pardon
A celle qui te fera don
De jours tissus de blanche soie !

Quitte le froc et sois Pierrot.

(*Il enlève à Pierrot sa cordelière et son froc*)

Et si tu veux être dévot
    Quand même,
Choisis la femme pour autel
Et dis ce mot sacramentel :
    Je t'aime !

Dans son cadre, Colombine est redevenue souriante.
Elle tend les bras à son amant.
Pierrot fait le signe du pardon et se hausse sur le prie-Dieu pour mettre un baiser aux lèvres de Colombine.

              Rideau.

TABLE DES MATIÈRES

	Pages
TOUTE LA CHANSON	IX

Heures de lutte.

Les Étapes	3
Les Eunuques	9
Les Décombres	13
Peau-Rouge	17
Noël d'enfant	23
Les Murmures	29
Le Toast	33
Pour les vacances	39
La Boue	45
Le Pavé	51
L'Enfant, l'Homme	57
Le Vieillard	63
La Femme	67
La Foule	73
Le Hasard	77
Les Revenants	81
La Révolte	85

Heures de calme.

	Pages
La Ronde des heures.	90
Croyance	99
Croire est doux.	103
Vie et Bonheur.	107
Espérance.	111
Espérer c'est chanter.	115
Aimer	119
Si tu me fais pleurer.	123
Pardonner	127
La Douleur est douce.	131
Enchantement.	135
Les Nuages.	141
Valse suppliante.	145
Berceuse d'hiver.	151
Chanson frivole.	155
Gage d'amour	159
La Source.	165
Feux follets	169
Compliment.	173
Maman.	179
Toast d'amour.	183
Nuit d'été.	187
Petite Offrande.	193
Berceuse d'été	197
Madrigal printanier	201

TABLE DES MATIÈRES

Pantomimes.

	Pages
Sommeil blanc	207
Le Noël de Colombine	219
Caprice d'amante	225
La Part du pauvre	237

CETTE MICROFICHE A ETE
REALISEE PAR LA SOCIETE

M S B

1993

www.ingramcontent.com/pod-product-compliance
Lightning Source LLC
Chambersburg PA
CBHW052244220526
45471CB00001B/189